LIDERAZGO CATEQUÉTICO

Cómo deber ser, cómo debe organizarse
y a quién debe servir

ADRIÁN ALBERTO HERRERA

EL LÍDER CATEQUÉTICO EFICAZ

Editor de la serie: Joe Paprocki, D.Min.

LOYOLA PRESS.
UN MINISTERIO JESUITA
Chicago

LOYOLA PRESS.
UN MINISTERIO JESUITA

3441 N. Ashland Avenue
Chicago, Illinois 60657
(800) 621-1008
www.loyolapress.com

Diseño de la portada: iStock.com/GoodGnom.

ISBN: 978-0-8294-4677-7
Número de Control de Biblioteca del Congreso USA: 2018943604

Impreso en los Estados Unidos de América.
18 19 20 21 22 23 24 25 26 27 Versa 10 9 8 7 6 5 4 3 2 1

Índice

Bienvenido a la serie El líder catequético eficaz

La serie **El líder catequético eficaz** ofrece habilidades, estrategias y enfoques que asegurarán el éxito para líderes de programas parroquiales de formación en la fe. Beneficia a aquellos que trabajan con catequistas, entre ellos directores de educación religiosa, párrocos, directores diocesanos y participantes en programas de formación catequética. Mediante una combinación de teoría y práctica, esta serie

- brinda instrucciones concretas y recursos para imprimir;
- define la función del líder catequético y ofrece estrategias específicas y prácticas para el liderazgo, la colaboración y la delegación de responsabilidades;
- ofrece enfoques para el liderazgo y la catequesis en una manera más evangelizadora;
- describe las mejores prácticas para reclutar, capacitar y formar catequistas; para desarrollar una visión para la formación en la fe; para crear un consejo de asesores; para planificar y programar eventos; para establecer contactos con otros colegas; para seleccionar recursos catequéticos de calidad y para manejar los aspectos administrativos del ministerio; y
- ofrece consejos sobre cómo catequizar eficazmente teniendo en cuenta la diversidad de nuestras parroquias —un aspecto ineludible de la realidad de la Iglesia en este país—, de manera

que podamos servir respondiendo a las necesidades particulares de quienes forman la comunidad de fe.

Ya sea que te inicies como líder catequético o hayas estado sirviendo como tal por muchos años, la serie **El líder catequético eficaz** te ayudará a utilizar cada área de este ministerio para proclamar el Evangelio e invitar a las personas al discipulado.

Acerca de este libro

El ministerio de la catequesis es fundamental para la misión de la Iglesia, y el factor más importante en un programa eficaz de catequesis parroquial es el líder catequético. Pero para que estos líderes puedan realizar su función con éxito deben adquirir destrezas y competencias específicas para el liderazgo. Este volumen, el segundo de la serie **El líder catequético eficaz**, examina detenidamente cómo debe ser, cómo debe organizarse y a quién debe servir el liderazgo catequético. Entre los temas que se tratan figuran cómo ser un líder servicial y a la vez ejercer una autoridad legítima; cómo lidiar con las situaciones difíciles y los conflictos de manera apropiada y pastoral en pro de una comunidad unida; cómo evitar el agotamiento delegando responsabilidades y promoviendo un ministerio colaborativo y mucho más.

1
Guarda el pedestal: cómo es el liderazgo en el ministerio

Bienvenido al liderazgo

Si buscas libros en una librería o les echas un vistazo en línea, te encontrarás con que no faltan títulos sobre liderazgo. Sin embargo, los libros que encuentres seguramente estarán limitados a tres áreas: negocios, deportes y política. Si lo que buscas es manejar una empresa, entrenar a un equipo campeón o gobernar el mundo, ¡tendrás suerte! Por desgracia, esos libros no son aplicables al mundo del liderazgo catequético al cual has sido llamado. Si bien puedes aprender algunos principios generales de liderazgo en los libros tradicionalmente disponibles sobre el tema, la verdad es que el liderazgo catequético, o el liderazgo pastoral en general, es algo muy distinto. Si manejas tu programa catequético como un director de empresa, un director técnico de fútbol americano o un líder político, simplemente no funcionará. Entonces, ¿en quién buscas un ejemplo de cómo liderar? ¡Creo que ya conoces la respuesta!

Llamados a liderar

Aún recuerdo aquellos Jueves Santos que solía presenciar en la parroquia donde crecí. Recuerdo que todos llegaban temprano para prepararse para el lavado de pies. Cada año se presentaban diferentes personas para participar en este servicio, personas de todas las edades y clases socioeconómicas. No obstante, lo que recuerdo con mayor claridad es el modo en que el sacerdote, de mediana edad, se arrodillaba y, con amor, ternura y delicadeza, tocaba y besaba los pies descalzos de las personas tras mojarlos con agua y lavarlos. Este simple acto de servicio que nos fue manifestado por Jesucristo en la Última Cena me impactó en mi niñez y mi juventud. Un sacerdote sencillo y humilde fue llamado a realizar su obra: servir al Pueblo de Dios. Debes de estar pensando: "¡Pero yo no soy un sacerdote; mi ministerio es el liderazgo catequético!". Créeme: no es necesario ser un sacerdote para responder como ministro pastoral con amor y ternura, tal como lo hacía este sacerdote entonces y tal como lo sigue haciendo hoy.

Así que, ¿cómo puedes hacerlo tú?

Quizás pienses que los buenos ministros pastorales descendieron del cielo, vivieron en un monasterio durante mucho tiempo, crecieron en una familia perfecta u obtuvieron muchos títulos académicos para poder servir como lo hacen. La verdad es que esas cosas pueden ayudar, pero ¡no son un requisito! Para ser un buen ministro pastoral, solo necesitas reconocer y aceptar que has sido llamado de la manera más sagrada por Dios para servirle a él y a su pueblo por medio de la Iglesia, de la manera en que Jesucristo vino a servir. Dios te ha dado justo los talentos y habilidades adecuados para hacer el bien; todo lo que se necesita es que disciernas cómo usarlos del mejor modo posible. (Este proceso se tratará en el capítulo 4). Aunque puede que hayas conocido a ministros pastorales que se comportan como "controladores de la fe", como ha sugerido algunas veces el Papa Francisco, el Espíritu Santo te guía para liderar con humildad. De hecho, durante su homilía en la misa de inauguración de su pontificado, el Papa Francisco nos alentó a todos para que "nunca olvidemos que el verdadero poder es el servicio". Dijo esto porque sabe que, como seres humanos, somos tentados por el poder. "¿Qué clase de poder?", te preguntarás. La clase que domina, controla y manipula a los demás. Sin embargo, como nos lo recuerda el Papa Francisco, en el ministerio pastoral se nos llama a servir a los demás, y no a ser servidos.

Ya seas un líder catequético nuevo o uno experimentado, sabes que todos en tu parroquia tienen necesidades. Es posible que por momentos sientas que servir a la Iglesia o trabajar para ella puede ser abrumador, porque la vida en general es complicada. Hay plazos que cumplir, retiros que planificar, proyectos a los que asistir, reuniones que requieren de tu tiempo, cursos de capacitación, largas horas de trabajo y demás cuestiones. Sin embargo, has respondido al llamado de Dios porque, muy probablemente, te sentiste llamado. Ahora te detienes a pensar y a preguntarte: "¿Cómo puedo usar mis dones para servir de la mejor manera? De entre las cosas que he sido llamado a realizar, ¿dónde encontraré la fuerza para guiar a los demás a seguir a Jesús?".

Bienvenido al liderazgo de servicio

Hay distintos tipos de liderazgo y, por otra parte, el estilo de liderazgo de cada persona es único. Pero, en general, debemos preguntar: "¿Qué es un líder?". En su libro *Servant Leadership Models for Your Parish* [Modelos de liderazgo de servicio para tu parroquia], Dan Ebener señala que el liderazgo "se define. . . como un proceso de influencia por medio del cual un líder inspira o motiva a los seguidores hacia un objetivo común o una visión compartida" [versión del traductor (v.d.t.)] (12). Existen líderes en los negocios, la educación, la política, las comunidades civiles. . . y en nuestras comunidades parroquiales. Tenemos líderes que utilizan su conocimiento y sus habilidades para asumir y ejercer liderazgo de un modo que les permite alcanzar los objetivos del grupo. No obstante, han existido líderes a lo largo de la historia que han abusado de su posición. Ciertos líderes han usado su influencia para ejercer dominio: para aumentar su poder individual o para controlar a las masas.

Entonces, ¿qué tipo de líderes necesita la Iglesia, especialmente en el ministerio catequético? Para los católicos, el liderazgo de servicio está arraigado en el Evangelio y fue el ejemplo que nos dio Jesucristo al enseñar a sus apóstoles sobre cómo servir. Este tipo de liderazgo es eucarístico, porque somos llamados a ayudar a las personas a profundizar su comunión con Cristo y con los demás. De hecho, cada domingo, los católicos somos llamados a celebrar el misterio cristiano, también conocido como la Sagrada Eucaristía, porque es una acción de gracias a Dios. Como muestra de gratitud, los católicos en todo el mundo damos gracias a Dios por todas las bendiciones recibidas. Una vez escuché una homilía en la que el párroco decía que el estilo de liderazgo de Jesús surgió de la fuerte identidad y del vínculo que compartía con su Padre. Esta conexión singular e íntima con el Padre ayudó a los apóstoles a ver la constante compasión que Jesús sentía por las personas. Si bien el ministerio de Jesús estuvo lleno de misericordia y sanación, como se describe en los Evangelios, él también empoderó a sus apóstoles y a las personas que lo rodeaban para que siguieran un camino similar; y ¿no es esa nuestra tarea como líderes catequéticos?

La función del ministro pastoral consiste en guiar a las personas hacia Cristo, mostrar a Cristo a los demás, y, en el proceso, encender un fuego en el corazón de las personas. Lamentablemente, a veces nos paraliza el temor de correr riesgos y de hacer cambios, cuando ambas cosas son parte integral de la función del líder. Por eso necesitamos ser conscientes de nuestro llamado, reconocer nuestras habilidades y aceptar nuestras limitaciones al ejercer el liderazgo parroquial.

Mi iniciación en el liderazgo de servicio

Hace años, cuando me contrató la Arquidiócesis de Galveston, Houston, para formar parte del personal de la Oficina de Educación Continua (como se denominaba en aquel entonces), todos mis colegas eran mayores que yo y tenían una impresionante riqueza de conocimientos sobre la catequesis y atención pastoral. Al cabo de unos meses en este trabajo, mi supervisora inmediata se me acercó y me habló de un proyecto que la arquidiócesis estaba emprendiendo y que se relacionaba con las escuelas católicas y el ministerio juvenil. En ese momento creí que el proyecto sería solo una tarea pequeña y no una operación colosal. Escuché a mi supervisora, que me explicaba la visión del proyecto y me preguntó si podía crear y encabezar una junta directiva.

Cuando salió de mi oficina me sentí como el profeta Jeremías: "¡Ay Señor mío! Mira que no sé hablar, que soy un muchacho" (Jeremías 1:6). Le dije que necesitaba pensar en su propuesta y que le daría una respuesta. Debo admitir que tuve miedo, un sentimiento de incertidumbre y la sensación de no saber por dónde empezar. Quería decirle a mi supervisora que yo no era la persona que ella estaba buscando, pero opté por no hacerlo porque no quería que viera mis temores. Recuerdo que esa noche conducía de regreso a casa sintiendo como si cargara un gran peso sobre mis hombros. La cabeza me daba vueltas y me preguntaba cosas como: "¿Por qué yo? ¡Soy tan solo un novato! Ella se lo podría haber pedido a otros". Al mismo tiempo, sin embargo, había una parte de mí que seguía susurrando: "Asume el riesgo".

Me di cuenta de que estaba frente a un dilema espiritual y decidí consultar a mi director espiritual. Compartí todos mis miedos y dudas con él, pero estos comenzaron a disiparse y desaparecer cuando dijo: "Acepta la oportunidad. Asume el riesgo". Era como si Dios me estuviera dando la respuesta.

Debo confesar que no todas las situaciones tienen esa solución. El proyecto duró casi siete años e incluyó a muchas personas con distintos niveles de formación académica. Para resumir, esta experiencia llevó a la creación de una nueva visión para una catequesis permanente en la arquidiócesis. Unos días antes de que mi supervisora se jubilara, me sentí con la confianza suficiente de preguntarle por qué me había elegido para este proyecto. Me respondió: "Eres joven, y sabía que serías capaz de hacerlo". Ella tenía la habilidad de reconocer dones y talentos que otros, tal vez, no sabían que tenían.

No cuento esta anécdota para hacer alarde, ya que el proyecto contó con la inmensa colaboración de personas talentosas que hicieron posible semejante visión. La cuento para demostrar que cuando un líder muestra un alto nivel de confianza e interés genuino en ciertos seguidores, el líder genera confianza y crea un sentido de compromiso que puede motivar a los demás a realizar labores nuevas y fructíferas. Como líderes catequéticos, somos llamados a hacer lo mismo: a asumir riesgos y aprender de esos riesgos, aun cuando prevalezca la incertidumbre y la dirección no sea clara. El liderazgo no se da por una revelación especial, sino que comienza, como sugiere el autor Robert Greenleaf, "con la sensación natural de que uno quiere servir, servir *primero*" [v.d.t] (*The Servant as Leader* [El servidor como líder], 6). Es por eso que la mayoría de los miembros de un equipo saben de manera intuitiva quiénes son los verdaderos líderes. El impulso de liderar con el servicio es lo que se llama "liderazgo de servicio".

¿Qué es el liderazgo de servicio?

La práctica de nuestra fe no puede separarse de nuestra vida cotidiana. Aquello en lo que creemos debe impregnar cómo vivimos, cómo interactuamos con los demás, cómo dialogamos y cómo trabajamos. Convertirse en un líder significa tener seguidores: el líder ha demostrado que es alguien de confianza y tiene la capacidad de guiar a otros hacia áreas u oportunidades de crecimiento. En esta forma de liderazgo se atienden primero las necesidades de los otros y después las propias. Es por esta razón que este estilo de liderazgo se conoce como "liderazgo de servicio".

El liderazgo de servicio imita el estilo de liderazgo de Jesús. En su libro *Servant Leadership Models for Your Parish* [Modelos de liderazgo de servicio para tu parroquia], Dan Ebener señala que, como Jesús, los líderes serviciales "sirven a sus seguidores, y no al revés. En lugar de concentrarse en sus propias necesidades e intereses personales, los líderes serviciales están en sintonía con las necesidades e intereses tanto de sus seguidores *como* de sus organizaciones" [v.d.t.] (21).

El mismo Jesucristo ofreció a sus apóstoles un modo particular de liderar a la vez que se sirve a los demás. Como he dicho, el modelo de liderazgo que los apóstoles aprendieron de Jesús surgió de la conexión singular e íntima que tenía con el Padre. El estilo de liderazgo de servicio de Jesús es evidente a lo largo de los Evangelios y se caracteriza por la compasión, la sanación y el perdón. En la historia del lavado de pies (Juan 13:1–17) se dice que Jesús se levantó de la mesa, se quitó el manto, se ató una toalla alrededor de la cintura y comenzó a lavar los pies de sus discípulos. Después de eso, les preguntó si sabían qué estaba haciendo y luego les pidió que hicieran lo mismo por los demás. Jesús transformó a sus apóstoles en líderes de un modo que era libre y no forzado. Este modelo de liderazgo de servicio propicia la conversión de los corazones por medio del amor.

Cada uno de los siguientes pasajes bíblicos muestra cómo Jesús servía a los demás dejando sus propios intereses de lado. Dedica unos momentos a leer cada uno y luego anota cualquier palabra o frase que describa el tipo de liderazgo de servicio que se manifiesta en ese pasaje.

Mateo 14:13–21	
Juan 9:1–7	
Juan 13:1–15	
Mateo 20:20–28	
Lucas 10:30–37	
Mateo 25:31–46	
Marcos 6:30–33	

Juan 15:12–17	
Lucas 4:38–39	
Lucas 7:1–10	
Lucas 7:44–50	

Cómo es el liderazgo en el ministerio

Hace unos años, en una visita que hice a una de las parroquias de nuestra diócesis, conocí a dos ministros pastorales que eran amigos y ejercían carreras profesionales exitosas. Los había invitado su párroco para supervisar la formación en la fe para adultos en cada una de las parroquias que se les habían asignado. Los dos amigos estaban ansiosos por ayudar a ambas parroquias y aunar esfuerzos para crear un nuevo modelo de colaboración para parroquias hermanas. Les recomendé que primero desarrollaran un plan ministerial para determinar la forma en que se llevaría a cabo la coordinación de este nuevo ministerio entre sus dos parroquias. Además, les proporcioné otros recursos para revisar y explorar. Al salir de la reunión, le dije a uno de ellos que perseverara y que no se sintiera estancado si los feligreses no respondían inmediatamente a su invitación. "Adrián, esto se lo debo al Señor. Es mi forma de retribuirle las innumerables bendiciones que he recibido", me respondió.

Dos meses después, la otra ministra pastoral me llamó para decirme que había existido demasiada competencia por el control y que los amigos no habían logrado ponerse de acuerdo para ver quién de los dos lideraría, por lo que ella había decidido irse de la parroquia fusionada. Esto sucedió porque sus modelos de liderazgo eran muy distintos. Un ministro tenía un estilo que yo llamo "liderazgo de imposición": sus ideas, pensamientos y acciones eran, para él, la única manera de llevar adelante el ministerio. Consultaba solo cuando necesitaba que otros llevaran a cabo un plan. La otra ministra tenía un estilo de liderazgo al que yo llamo "qué pasaría si": tenía miedo de correr riesgos, dudaba al momento de actuar cuando era necesario y no podía dejar de preguntarse: "¿Qué pasaría si pudiéramos hacerlo de esta manera?" o "¿Qué pasaría si recurriéramos a estas personas para esto?". Su comportamiento titubeante no conducía a mucha acción.

La incapacidad de estos dos ministros para fusionar sus estilos de liderazgo afectó seriamente a sus respectivas parroquias. Los feligreses vieron una lucha de poder más que un liderazgo real. Dos años más tarde, tuve la oportunidad de ver al "líder de imposición" en un evento. Irónicamente, las primeras palabras que salieron de su boca fueron: "Adrián, es muy difícil trabajar para la Iglesia. ¡Todos quieren tener el control!". La verdad es que aquellos que tienen menos seguridad en sí mismos a menudo buscan controlar a las personas, los procesos y las situaciones para compensar esa deficiencia.

¿Somos llamados a un ministerio controlador? No, para nada. Pero lamentablemente muchos ven a la Iglesia como una institución que debe manejarse como una empresa. El Papa Francisco, por su parte, dijo que la Iglesia tiene que ser una madre, "no una ONG bien organizada, con tantos planes pastorales".[1]

Demasiado a menudo, el liderazgo se interpreta como un puesto de poder sobre otras personas. Con frecuencia creemos que porque alguien está en un puesto en particular tiene más control o dominio sobre las personas o cuenta con la habilidad de efectuar cambios por su cuenta. Pero no tiene por qué ser así. El liderazgo en el ministerio pastoral debería reflejar los valores fundamentales que Jesús enseñó en los Evangelios. El ministerio pastoral necesita de personas compasivas, que estén dispuestas a acompañar a los que sufren y que, ante todo, quieran servir, como lo hace un padre con sus hijos. El ministerio pastoral, especialmente en la catequesis, requiere líderes que, por medio

1. http://en.radiovaticana.va/news/2014/06/17/pope_francis_church_a_mother_not_a_ngo/1101850

del carácter, la integridad y la fortaleza, guíen a las personas como el mismo Jesús guio a los apóstoles: un estilo de liderazgo arraigado en una relación personal y profunda con Dios, que nos llama, nos forma y nos envía. Los líderes serviciales reconocen lo sagrado de cada persona, reafirman la imagen de Dios en esa persona y están dispuestos a anteponer las necesidades de los demás a las propias.

Muy bien, pero ¿no es esa la manera en que todos deberían comportarse en una parroquia? Es lamentable que nuestra imperfección causada por el pecado se haga tan evidente cuando interactuamos con los demás y, asimismo, que nos olvidemos de servir como lo hizo Jesús. Demasiado a menudo esto conduce a un abuso de poder y autoridad, que socava el verdadero llamado recibido de Jesucristo, quien nos pide "que se amen unos a otros como yo los he amado" (Juan 15:12). El verdadero servicio comienza con la noción del Evangelio de estar dispuestos a servir antes que a ser servidos. Esta predisposición surge de un corazón dispuesto a crear una igualdad de condiciones para todos los miembros e inspira a los demás a proceder de igual manera. En su libro *Servant Leadership* [Liderazgo de servicio], Robert Greenleaf sugiere que, al ubicar a alguien en una autoridad jerárquica, esa persona no debiera considerarse a sí misma como un ser que mira a los demás desde un pedestal, sino más bien como un *primus inter pares*, o "primero entre iguales". Este estilo de autoridad inspira lealtad porque comunica una voluntad singular de servir que, a su vez, inspira confianza. Los líderes serviciales han comprobado y demostrado que están en una posición de liderazgo no por ejercer su dominio sobre los demás, sino porque están dispuestos a servir y cuidar de los demás. "El gran líder es visto primero como un servidor" [v.d.t.] (21), dice Greenleaf.

Finalmente, los *National Certification Standards for Lay Ecclesial Ministers* [Estándares de certificación nacional para ministros eclesiales laicos] hacen eco del tema del liderazgo de servicio cuando nos recuerdan que los líderes catequéticos son llamados a "demostrar virtudes tales como la honestidad y la responsabilidad, la generosidad y la compasión, la humildad, la paciencia, la pasión por la justicia y un espíritu de servicio" [v.d.t.] (#1.1, f).

Resumen: Los más grandes deben servir

[Jesús dijo:] "Quien entre ustedes quiera llegar a ser grande que se haga servicial de los demás". (Mc 10:43)

El liderazgo de servicio es muy distinto del estilo de liderazgo que predomina en el mundo secular, que suele ser interesado, individualista y cínico. Con demasiada frecuencia, el énfasis se pone en el logro más que en el desarrollo de relaciones. El liderazgo de servicio, por el contrario, consiste en anteponer las necesidades de los demás a las propias, y en estar dispuestos a servir y satisfacer esas necesidades. A su vez, las personas que son servidas se sienten empoderadas, crecen en la fe y están dispuestas a unirse al líder para servir y darle vida a la parroquia.

El liderazgo de servicio eficaz comienza con la integridad del líder. Para empezar a darle forma a tu ministerio de liderazgo de servicio hazte estas preguntas: "¿Estoy listo para arremangarme la camisa y ayudar a hacer lo que sea necesario? Si la respuesta es sí, ¿son mis acciones coherentes con mis valores y creencias? En otras palabras, ¿predico con el ejemplo? ¿O a mis acciones les falta credibilidad e integridad? ¿Estoy listo para trabajar hombro a hombro con los demás y a involucrarlos en la toma de decisiones? ¿Estoy listo para servir a los intereses y las necesidades de quienes me rodean o simplemente lidero sin servir a los demás? ¿Estoy listo para liderar como Jesús?".

Para reflexionar y conversar

- Menciona algunas características del comportamiento de las personas que te inspiraron a ser un ministro pastoral.
- ¿Tienes las habilidades necesarias para liderar como Jesús? Explica.

Madurar como líder catequético

Liderar al pueblo de Dios requiere la voluntad para servir a los demás, como Jesús hizo con sus apóstoles. Muchos desean profundizar su relación con Dios pero carecen de confianza o no se sienten dignos de servir en un ministerio parroquial. Como líder catequético, ¿cómo invitas a los demás a responder a su llamado bautismal?

Visita www.loyolapress.com/lce para acceder a la hoja de ejercicios.

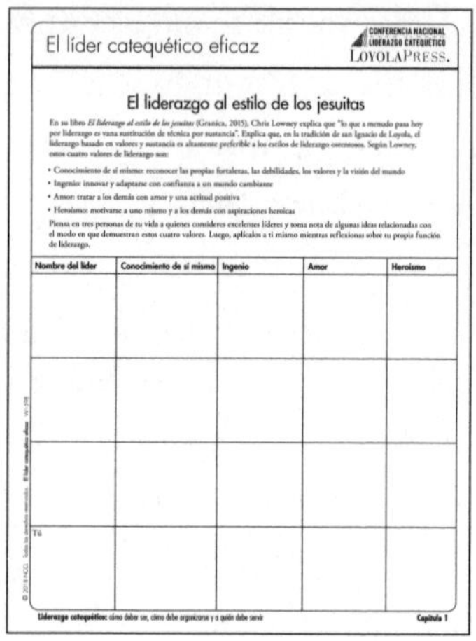

El líder catequético eficaz

CONFERENCIA NACIONAL LIDERAZGO CATEQUÉTICO LOYOLAPRESS.

El liderazgo al estilo de los jesuitas

En su libro *El liderazgo al estilo de los jesuitas* (Granica, 2015), Chris Lowney explica que "lo que a menudo pasa hoy por liderazgo es vana sustitución de técnica por sustancia". Explica que, en la tradición de san Ignacio de Loyola, el liderazgo basado en valores y sustancia es altamente preferible a los estilos de liderazgo ostentosos. Según Lowney, estos cuatro valores de liderazgo son:

- Conocimiento de sí mismo: reconocer las propias fortalezas, las debilidades, los valores y la visión del mundo
- Ingenio: innovar y adaptarse con confianza a un mundo cambiante
- Amor: tratar a los demás con amor y una actitud positiva
- Heroísmo: motivarse a uno mismo y a los demás con aspiraciones heroicas

Piensa en tres personas de tu vida a quienes consideres excelentes líderes y toma nota de algunas ideas relacionadas con el modo en que demuestran estos cuatro valores. Luego, aplícalos a ti mismo mientras reflexionas sobre tu propia función de liderazgo.

Nombre del líder	Conocimiento de sí mismo	Ingenio	Amor	Heroísmo
Tú				

Liderazgo catequético: cómo debe ser, cómo debe organizarse y a quién debe servir — Capítulo 1

Acción sugerida

Crear una cultura de liderazgo de servicio entre ministerios implica anteponer las necesidades de los demás a las tuyas. Piensa en diferentes ministerios de tu parroquia (además del catequético). ¿Qué necesidades tienen esos ministerios? ¿Qué puedes hacer para construir puentes?

Recursos adicionales

En español

El servidor como líder. Robert K. Greenleaf (Atlanta: The Greenleaf Center for Servant Leadership, 2013).

Liderazgo virtuoso. Alexandre Havard (Madrid: Ediciones Palabra, 2017).

En inglés

Servant leadership: A Journey into the Nature of Legitimate Power and Greatness [Liderazgo de servicio: viaje a la naturaleza del poder legítimo y la excelencia]. Robert K. Greenleaf (Mahwah, NJ: Paulist Press, 1997).

Servant Leadership Models for Your Parish [Modelos de liderazgo de servicio para tu parroquia]. Dan R. Ebener (Mahwah, NJ: Paulist Press, 2010).

Principled Ministry: A Guidebook for Catholic Church Leaders [Ministerio ejemplar: guía para líderes de la Iglesia católica]. Loughlan Sofield, ST, y Carroll Juliano, SHCJ (Notre Dame, IN: Ave Maria Press, 2011).

National Certification Standards for Lay Ecclesial Ministers [Estándares de certificación nacional para ministros eclesiales laicos]. (*Alliance for the Certification of Lay Ecclesial Ministers* [Alianza para la Certificación de Ministros Eclesiales Laicos], 2011).

2

¿Adónde nos llevas? El liderazgo y la articulación de una visión

Hacer lo correcto

Mencioné anteriormente que el mundo de los negocios, el de los deportes y el de la política nos ofrecen ideas sobre la naturaleza del liderazgo, aunque tal vez no sean los modelos perfectos de liderazgo para tener en cuenta en el ministerio pastoral. Por ejemplo, nos ayudan a saber, de forma inmediata, que existe una diferencia entre *gestión* y *liderazgo*. Según afirman Warren G. Bennis y Burt Nanus en su libro *Leaders: Strategies for Taking Charge* [Líderes: estrategias para hacerse cargo] (New York: HarperCollins, 2003), "los gerentes son personas que hacen las cosas correctamente y los líderes son personas que hacen las cosas correctas" [v.d.t.] (20). Aunque, sin ninguna duda, querrás aprender a hacer las cosas correctamente, es importante recordar que has sido llamado al *liderazgo* catequético, no a la *gerencia* catequética. En su libro *Los 7 hábitos de la gente altamente efectiva*, el fallecido Stephen Covey explica que la administración busca subir la escalera del éxito de manera eficaz mientras que el liderazgo tiene que ver con asegurarse de que la escalera "esté o no apoyada en el lugar correcto" (101). También añade que los gerentes son como las personas que intentan atravesar la selva con machetes mientras que un líder es el que se trepa a un árbol alto para gritar: "¡Selva equivocada!" (101).

En tu función como líder catequético, eres llamado a trepar al árbol más alto para examinar el panorama y decidir la mejor dirección por la cual proseguir. Eres llamado a apoyar la "escalera del éxito" contra la pared correcta. Eres llamado no solo a hacer lo correcto, sino también a asegurar que el programa de formación en la fe de tu parroquia esté haciendo las cosas correctamente. En otras palabras, eres llamado a tener visión.

Visión: La capacidad de ver

La devoción de Jesús por sanar a las personas con ceguera no provenía de una fascinación por la optometría. Más bien, le interesaba la visión: la capacidad de ver no solo de manera física, sino también espiritual. Como líder catequético, eres llamado a articular una visión para aquellos a quienes sirves. Mientras que la declaración de misión de una empresa describe la razón por la cual existe (incluidas sus prioridades, responsabilidades y acciones), una declaración de visión describe, con palabras inspiradoras, cuál será el cambio o resultado deseado de una acción en particular; ofrece un panorama de cómo será la misión una vez que se realice a plenitud, como resultado de acciones e iniciativas específicas. A lo largo de la historia de la Iglesia católica, muchas personas han articulado una visión de lo que significa seguir a Cristo. De hecho, las personas a quienes llamamos santos son canonizadas precisamente porque sus vidas ofrecen una visión de la vida como discípulos de Jesús. Entre esos santos que cumplieron con esta noble tarea se encuentran los mártires: aquellos cuya visión del Reino fue tan poderosa que los obligó a dar sus propias vidas por verlo realizado.

¿Por qué somos llamados a servir?

La película *Silencio* (2016), dirigida por Martin Scorsese, muestra a dos sacerdotes jesuitas del siglo XVII que viajan a Japón desde Portugal en busca de su mentor desaparecido, el padre Ferreira, de quien se rumorea que ha cometido el delito de apostasía en una época en que el cristianismo en Japón está prohibido y se considera contrario al estilo de vida tradicional. En una aldea, los dos jesuitas encuentran y ministran a cristianos que profesan la religión en secreto y son perseguidos por un samurái conocido como "el inquisidor". Los aldeanos que se niegan a abandonar su fe cristiana son amarrados a cruces de madera y colocados en las aguas poco profundas del océano para que se ahoguen al subir la marea. Uno de los sacerdotes, el padre Rodrigues, pasa por una serie de altibajos emocionales al ver que la gente muere por creer en Cristo y, finalmente, es capturado por los soldados del inquisidor y llevado a prisión. Más tarde, es invitado por el inquisidor a rechazar la fe cristiana en público o enfrentar la tortura, a lo cual el padre Rodrigues responde: "La sangre de los mártires es la semilla de la Iglesia" (una cita atribuida al antiguo escritor cristiano Tertuliano, circa 197 d. C.).

Fue mediante el testimonio de los mártires que la Iglesia de los primeros siglos llegó a comprender lo que significa perder la propia vida para ganar la vida eterna. Como líder catequético, si bien puede que enfrentes resistencia de vez en cuando, lo más probable (afortunadamente) es que no experimentes una persecución dramática por tus creencias; sin embargo, has sido llamado a liderar a personas y dar testimonio de tu fe cristiana "dando tu vida" por los demás. Esta es la razón por la cual somos llamados a servir: para ayudar a los demás a alcanzar la vida eterna por medio de las enseñanzas de nuestro Señor Jesucristo.

¿Cuál es la necesidad urgente?

Hace un tiempo, estaba dando un taller sobre la exhortación apostólica *Evangelii Gaudium* para directores y coordinadores de formación en la fe para adultos, y había dedicado toda la mañana a explicar los dos primeros capítulos de este documento. Un gran número de parroquias de toda la arquidiócesis estaban representadas en el taller, desde pequeñas parroquias con un director de educación religiosa que lo hace todo hasta megaparroquias con mayor cantidad de personal y presupuestos mucho mayores. Durante la hora del almuerzo, dos caballeros de parroquias muy bien establecidas hicieron esta pregunta: "Adrián, el Papa Francisco siempre habla de una conversión del corazón en nuestras actitudes y nuestros ministerios, y nosotros venimos haciéndolo desde hace más de dieciocho años. ¿Por qué la urgencia ahora, cuando las personas siguen llegando y se les sigue sirviendo? Además, a nuestro párroco en realidad no le interesa, siempre y cuando se recaude dinero". Quedé atónito ante la pregunta porque pensaba que había explicado muy claramente hacia dónde se dirigía la Iglesia. Sin embargo, les dije que esa era una razón de sobra para reevangelizar, en particular si se considera el gran número de personas que abandona la Iglesia católica, como los hispanos, quienes mayormente se han marchado para unirse a movimientos pentecostales o carismáticos que no están en comunión con la Iglesia católica.

La necesidad era bastante obvia, no solo en sus ministerios, sino también en sus propias actitudes y prejuicios. Aquí es donde en verdad se necesita tener una conversión real dentro del ministerio pastoral: porque pensamos que lo tenemos todo resuelto cuando en verdad hemos caído en la tentación de dejar que nuestro amor inicial por el Señor se enfríe. El liderazgo catequético necesita fortalecerse de modo que permitamos al Espíritu Santo actuar y sacarnos de nuestra autocomplacencia. Para que esto suceda, siempre se necesita un examen interior de conciencia.

Mientras conducía a casa después del taller, seguía pensando: "¿Cuándo llegará la Iglesia a ser proactiva en lugar de reactiva si se trata de la evangelización?". Es tanto lo que hay en juego que me he apropiado de las siguientes exclamaciones de san Pablo: "¡Ay de mí si no anuncio la Buena Noticia!" (1 Corintios 9:16) y "Éste es el tiempo favorable" (2 Corintios 6:2).

Como líderes en el ministerio catequético, no podemos seguir ejerciendo nuestro ministerio solo para cumplir con los límites de presupuesto y los calendarios, mantener nuestros ministerios o reaccionar a las señales de los tiempos. En cambio, debemos reconocer la urgencia que conlleva la necesidad de adoptar un tipo de evangelización o reevangelización que conduzca a la conversión personal de todos los involucrados. El ministerio pastoral, hoy más que nunca, enfrenta el desafío de la sociedad de salir a predicar el Evangelio del amor. Se necesita con urgencia dar testimonio cristiano creíble, no solo en nuestras parroquias, sino también en el ámbito público. Estas ideas no deben dejarse de lado al elaborar un proyecto de visión para tu ministerio, porque al articular una visión para el ministerio es importante crear un sentido de urgencia. En *A Church on the Move* [Una Iglesia en movimiento], Joe Paprocki menciona el libro de John P. Kotter, *El líder del cambio*, en el cual se explica que la transformación es difícil en grupos donde la autocomplacencia es alta y que la misma predomina cuando las personas no reconocen una crisis visible, tienen bajas expectativas y metas limitadas, no se identifican con quienes se supone que deben servir y solo escuchan que "todo está bien" de parte de sus líderes. Agrega que, sin un sentido de urgencia, fácilmente podemos dejar que nuestra atención se desvíe hacia lo trivial.

La urgencia no significa que debamos actuar rápidamente, sino que debemos dirigir la atención hacia las cosas que merecen nuestra inmediata y total atención. En su libro *The Preaching Life* [La vida del predicador], Barbara Brown Taylor advierte que sin un sentido de urgencia solemos "perder nuestra voz, olvidar a dónde íbamos y por qué" [v.d.t.] (5). Advierte que, a menos que hagamos nuestro mayor esfuerzo en el ministerio, la Iglesia podría, algún día, quedar relegada a una exposición en un museo.

Entonces: ¿cuál es la misión de la Iglesia?

Se requiere tanto una visión como una misión para que se dé un cambio real. Todos conocemos el pasaje bíblico del Evangelio de Mateo: "Vayan y hagan discípulos entre todos los pueblos, bautícenlos consagrándolos al Padre y al Hijo y al Espíritu Santo, y enséñenles a cumplir todo lo que yo les he mandado" (Mateo 28:19–20). Esta es la misión para todo líder en el mundo catequético. Es más, el *Catecismo de la Iglesia Católica* es muy explícito en cuanto al tipo de camino que la Iglesia es llamada a transitar:

"[La Iglesia] continúa y desarrolla en el curso de la historia la misión del propio Cristo, que fue enviado a evangelizar a los pobres; impulsada por el Espíritu Santo, debe avanzar por el mismo camino por el que avanzó Cristo: esto es, el camino de la pobreza, la obediencia, el servicio y la inmolación de sí mismo hasta la muerte, de la que surgió victorioso por su resurrección" (*CIC* 852). Es así como la "sangre de los mártires es la semilla de los cristianos".

Asimismo, el Papa Pablo VI, en su exhortación apostólica *Evangelii Nuntiandi*, enseña que "evangelizar constituye, en efecto, la dicha y vocación propia de la Iglesia [. . .] Ella existe para evangelizar, es decir, para [. . .] ser canal del don de la gracia, reconciliar a los pecadores con Dios, perpetuar el sacrificio de Cristo en la santa Misa" (#14). De la misma manera, el Papa Francisco llama a una renovación dentro de la Iglesia que se desviaría del *status quo* para ir en dirección a una transformación y una evangelización verdaderas.

> Sueño con una opción misionera capaz de transformarlo todo, para que las costumbres, los estilos, los horarios, el lenguaje y toda estructura eclesial se convierta en un cauce adecuado para la evangelización del mundo actual más que para la autopreservación. (*Evangelii Gaudium*, #27)

La Iglesia es muy clara con respecto a su misión, que es "caminar, [. . .] por el mismo camino que Cristo siguió". Como líder catequético, debes tener claro qué camino eres llamado a transitar para servir y guiar a las personas hacia Cristo, y cómo transitarlo para servirlas y guiarlas como lo hizo Jesús.

Soñar una visión

En *Dreams and Visions: Pastoral Planning for Lifelong Faith Formation* [Sueños y visiones: plan pastoral para una formación en la fe para toda la vida], Bill Huebsch explica que para pasar de "ser una muy buena parroquia a una que sea realmente *grandiosa*" [v.d.t.] (126) como mínimo debe existir un plan. Por ejemplo, digamos que tienes un gran programa de formación en la fe para adultos en tu parroquia, pero quieres hacerlo aún más dinámico. Tu párroco te dice que la parroquia necesita otros ministerios, como el ministerio que apadrina parejas, equipos de preparación para el matrimonio, etcétera, y te pregunta si puedes crearlos. No tienes que empezar de cero, puesto que ya tienes un buen programa de formación en la fe para adultos; en cambio, puedes aprovechar esta oportunidad como un canal de gracia para desarrollar otros ministerios. A medida que comienzas a soñar con la visión, verás que podrás cubrir tres áreas esenciales con este enfoque.

1. Satisfarás las necesidades de tus feligreses.
2. Los ayudarás a crecer en su fe y su relación con Cristo.
3. Aumentará su sentido de pertenencia y confianza.

Entonces, estarás listo para invitar a otros a que te acompañen en los ministerios específicos que se necesitan. A fin de empoderar a las personas de este modo, primero debes tomar algunas medidas imprescindibles para crear una visión clara para tu ministerio. Los siguientes pasos son una adaptación del libro de Huebsch, *Dreams and Visions* [Sueños y visiones] [v.d.t.] (132):

Pasos en el proceso de desarrollo de la visión

1. Comprométete con la visión y el proceso, y obtén ayuda de las personas correctas. (El párroco y los miembros del personal deben respaldar el proceso).
2. Estudia la historia de tu parroquia, incluidas sus fortalezas y debilidades.
3. Evalúa las necesidades de tu ministerio, así como las de la parroquia.
4. Organiza una reunión informal con el personal de mayor influencia y considera este el primer paso del proceso.
5. Invita a toda la parroquia a participar en el desarrollo de la visión.
6. Forma el equipo adecuado. Precisarás tanto a visionarios como a personas que entiendan la necesidad.
    a. Identifica y forma un grupo de hospitalidad para encargarse de los detalles físicos de los encuentros.
    b. Identifica y forma un grupo de oración y procesos para organizar contenido, horarios y procedimientos diversos relativos a los encuentros.
    c. Identifica y crea un grupo de recopilación de información para reunir los datos básicos que deban presentarse en los encuentros.
    d. Identifica y crea un grupo de recursos para seleccionar recursos en áreas clave.
    e. Identifica y crea un grupo de comunicación/publicidad para organizar la promoción y publicidad de los eventos.
7. Habla con grupos específicos a los que quieres llegar dentro de la parroquia.
8. Forma líderes.
9. Prepara una breve declaración de visión.

10. Comparte los planes con toda la parroquia.
11. Comienza el proceso de implementación.

Una visión no tiene que ser desarrollada por una sola persona. Por suerte, tenemos organizaciones nacionales como la NCCL (National Conference for Catechetical Leadership [Conferencia Nacional para el Liderazgo Catequético]) que puede inspirar, motivar, transformar, crear e impulsar la visión de la catequesis profesional en nuestras parroquias. A medida que se forma esta visión de ministerio profesional en la catequesis, se facilita la creación de una cultura de formación en la fe coherente en toda la nación. El documento *Colaboradores en la viña del Señor*, publicado por la Conferencia de Obispos Católicos de los Estados Unidos (USCCB por sus siglas en inglés), explica que el ministerio profesional requiere una formación continua, que puede darse a través de "conferencias diocesanas, regionales o nacionales y la participación activa en el trabajo de asociaciones ministeriales diocesanas, regionales y nacionales" (48). . . así que, por favor, ¡aprovecha estas comunidades y recursos!

Cómo crear y articular una visión

A diario, te despiertas con una visión de la jornada que tienes por delante. "Visualizas" qué vas a desayunar, qué vas a vestir y cómo vas a comenzar el día. Eso es, básicamente, una visión: una visualización del futuro. Como líder catequético, eres llamado a articular una visión para la formación en la fe de la comunidad de tu parroquia. Esta visión guiará todas las decisiones futuras, brindará motivación y creará una cohesión muy necesaria entre todas las partes involucradas. Todo lo que sucede puede medirse por el grado en el que se alinea con la visión articulada.

Una buena forma de comenzar el proceso de creación de una visión para tu programa de formación en la fe (además de pedirle al Espíritu Santo su guía e inspiración) consiste en imaginarte que alguien, dentro de unos tres o cuatro años, escribe una reseña positiva de tu programa parroquial de formación en la fe para un periódico local. ¿Cuáles diría que son los aspectos más positivos, atractivos y eficaces? ¿Cuáles diría que son los más singulares? ¿Cuál sería la razón más importante por la que los habitantes de la zona querrían participar en el programa de formación en la fe de tu parroquia?

A medida que desarrollas tu propia declaración de visión, ten en cuenta que las mejores declaraciones de visión son:

- imaginativas pero a la vez prácticas, sensatas pero a la vez realizables;
- deseables e inspiradoras, proponen un futuro preferido;
- de orientación clara, los resultados deseados son observables;
- flexibles, dejan espacio al Espíritu Santo;
- de fácil comunicación, y pueden articularse en un "discurso de elevador" de treinta segundos.

Tu declaración de visión no estará completa hasta que incluyas cada uno de estos criterios.

Para orientar mis ideas durante este proceso, utilicé preguntas como las siguientes. Tú puedes usar diferentes versiones de estas preguntas al crear una declaración de visión para tu ministerio catequético.

- ¿Qué será distinto en nuestra parroquia dentro de tres o cinco años gracias a la existencia de nuestro ministerio catequético?
- ¿Qué función (o funciones) cumplirá nuestro ministerio catequético para marcar la diferencia?
- En este esfuerzo, ¿quiénes serán nuestros compañeros o colaboradores del ministerio catequético?
- ¿Por qué razón será conocido nuestro ministerio catequético dentro de tres o cinco años?
- ¿Qué piensan nuestros feligreses hoy sobre nuestro ministerio catequético?

Una vez que hayas finalizado tu declaración de visión, es hora de articularla o compartirla con la comunidad parroquial. Básicamente, para articular una visión se necesitan los siguientes cuatro puntos:

1. **Proponer un panorama del futuro que sea atractivo e inspirador.** Por ejemplo: "En un plazo de cinco años, el programa de formación en la fe de la parroquia __________________ será un modelo para empoderar a los padres a fin de que acepten su función como principales educadores de sus hijos".
2. **Ofrecer un método para implementar la visión.** Por ejemplo: "Esto se logrará con la introducción de un modelo alternativo para la formación en la fe (catequesis familiar) que gradualmente irá reemplazando el modelo tradicional de formación en la fe para niños".
3. **Identificar los pasos específicos y un cronograma para la implementación.** Por ejemplo: "En el primer año, la comunidad de fe recibirá educación acerca de la función de los padres como principales educadores de sus hijos; en el segundo año, introduciremos un modelo de catequesis familiar alternativo para que se desarrolle en paralelo con el modelo tradicional; en el tercer y cuarto año, ampliaremos y fortaleceremos el modelo de catequesis familiar para que pase gradualmente a ser el modelo principal para la formación en la fe; en el quinto año, suspenderemos el modelo tradicional para la formación en la fe para niños y seguiremos desarrollando y fortaleciendo el modelo de catequesis familiar".
4. **Implementar un plan de acción acorde con la visión.** Ejecutar los pasos anteriores con los ajustes necesarios.

Como se mencionó antes, un aspecto crucial de la articulación de una declaración de visión es, precisamente, articularla (comunicársela a las personas). Una visión debe expresarse de manera constante, con coherencia y con lenguaje sencillo. Siempre ayuda proponer y usar una metáfora o símbolo que capture e ilustre la visión. (Por ejemplo, el Papa Francisco articula su visión de la Iglesia como un "hospital de campaña"). Lo que es más importante, tú mismo necesitas personificar y ejemplificar la visión con tus pensamientos, palabras y acciones. Tu "modo de proceder" debe ser coherente con la visión articulada.

Mi propia experiencia de crear una visión

Personalmente he usado este proceso de desarrollo de una visión en el consejo pastoral de mi propia parroquia. Hace varios años fui nominado como miembro del consejo y luego me eligieron como presidente. En la primera reunión a la que asistí, era obvio que el consejo tenía muchos problemas relacionados con temas de organización y actitud, y se advertía la falta de visión acerca de lo que podía hacer un consejo parroquial. Pronto me di cuenta de que había dos desafíos que necesitaban atención inmediata. Los llamé: 1) estructura y organización internas y 2) imagen externa del consejo.

Internamente, los miembros del consejo interpretaban de manera distinta las responsabilidades. En consecuencia, había muchas opiniones apuntando en sentidos diferentes. . . ¡y ya te imaginarás al párroco arrancándose el cabello! Externamente, la mayoría de los feligreses pensaba que el consejo pastoral de una parroquia debía comportarse como un concejo municipal, que escucha y resuelve los problemas legislativamente. Ninguna de estas ideas era correcta.

Lo primero que hice como presidente fue explicar estas situaciones al párroco y al resto del personal. En segundo lugar, consulté a las autoridades competentes de la arquidiócesis a fin de saber qué recursos había disponibles para abordar estos desafíos. En tercer lugar, expresé la necesidad de una declaración de visión para el consejo y comencé a trabajar en eso con los miembros del consejo. En cuarto lugar, acordé consultar con otros miembros y ministerios de la parroquia. En quinto lugar, todas las observaciones volvieron al consejo y luego se compartieron con toda la parroquia. Finalmente, redactamos una declaración de visión, así como objetivos y un plan pastoral para la parroquia.

Pasión por llevar la visión

El autor Robert Greenleaf hace una distinción entre la visión y la pasión que impulsan tus esfuerzos y la energía y las emociones necesarias para llevar a cabo la visión. Como líderes catequéticos, necesitamos todo lo anterior para evangelizar y transformar el mundo en que vivimos.

¿Cómo mantenemos nuestra pasión para hacer discípulos de Cristo cuando nuestros modelos o estrategias pueden no ser tan eficaces como lo eran hace diez años? En su libro *Reimagining Faith Formation for the 21st Century* [Reimaginando la formación en la fe para el siglo XXI], John Roberto sugiere que la fe cristiana necesita ser más integral e incluir la cabeza, el corazón y las manos. Roberto sugiere que hay tres componentes esenciales que todos los líderes deben considerar al crear una nueva visión:

1. comunidad que se relaciona
2. práctica intencional
3. creencia empírica

Consideremos cada uno de estos componentes en detalle.

Comunidad que se relaciona

Formar una comunidad que se relaciona significa hacer un esfuerzo extra para llegar a conocer bien a las personas en lugar de conocerlas solo superficialmente. Significa crear seguidores como Jesús lo hizo con sus apóstoles. En el Evangelio de Juan, cuando dos de los discípulos de Juan el Bautista le preguntaron a Jesús dónde estaba alojándose, él respondió: "Vengan y vean. Fueron, vieron dónde vivía y se quedaron con él aquel día" (Juan 1:39). Andrés, más tarde, le dijo a su hermano Simón Pedro que habían encontrado al Mesías. No sabemos exactamente qué clase de conversación tuvieron, pero podemos especular con que fue una experiencia positiva, interesante y transformadora. Jesús invitó a sus primeros dos discípulos a quedarse con él; el liderazgo de servicio requiere la creación de una comunidad similar que se relacione y que propicie una entrega completa a Dios y, como señala el *Directorio Nacional para la Catequesis:* "un consentimiento amoroso a lo que Él les ha revelado" (#29.B).

Cuando era arzobispo de Buenos Aires, el Papa Francisco (en ese entonces Cardenal Jorge Bergoglio) experimentó esa comunidad que se relaciona al visitar las "villas de Buenos Aires", o barrios pobres en condiciones sanitarias precarias o nulas y con proliferación de drogas, violencia y pobreza extrema. Durante sus visitas pastorales, la gente de las "villas" sentía que de verdad el arzobispo de Buenos Aires era su obispo, porque vivía sus luchas, alegrías y penas. Es lo que llamamos *acompañamiento* o, como lo llama la *Evangelii Gaudium*, el arte del acompañamiento, "para que todos aprendan siempre a quitarse las sandalias ante la tierra sagrada del otro" (#169). Elisabetta Piqué escribe en su libro sobre la vida del Papa Francisco que Bergoglio dedicaba su atención y afecto a las personas de las villas porque está "convencido de que en las villas se esconde un tesoro del que se beneficia la Iglesia entera —la fe profunda y religiosidad sencilla de su gente—" (*Francisco: vida y revolución*, 145). La comunidad que se relaciona está directamente vinculada a la manera en que se forma el liderazgo de servicio: mediante la voluntad de servir y satisfacer las necesidades de los demás.

Práctica intencional

El segundo aspecto que describe John Roberto es la intencionalidad, un gran sentido de conciencia de uno mismo. Los esfuerzos intencionales de evangelización son concebidos, planificados y organizados a conciencia. Esta intencionalidad requiere práctica, práctica y más práctica. La buena noticia es que cuanto más lo haces, tanto más se convierte en una disciplina extraordinaria y poderosa.

Como líderes catequéticos, somos llamados a brindar oportunidades a las personas para que crezcan en su fe y a fomentar un firme compromiso para construir puentes, sanar heridas y respetar a los demás. Se nos pide liderar como lo hizo Jesús. Piensa en el modo en que reclutas catequistas (discípulos) para tu ministerio. ¿Haces una invitación abierta desde el púlpito a la parroquia? ¿Reclutar catequistas es una búsqueda para llenar huecos con cualquier persona? ¿O dedicas el tiempo necesario a ser selectivo y discernir quién posee el carisma para semejante ministerio? Invertir tiempo en este último enfoque valdrá la pena a largo plazo. Una práctica deliberada e intencional de reclutamiento producirá un cambio de paradigma que permita a las personas reconocer su propio llamado para vivir su Bautismo al servicio de los demás.

¿Y no es eso lo que hizo Jesús con sus discípulos? Dedicó su tiempo a visitarlos. Llegó a conocerlos. Pasó tiempo con ellos y luego los invitó a seguirlo. Podemos comprometernos con una práctica intencional como la de Jesús, si somos plenamente conscientes de la urgente necesidad de motivar a los demás y estamos totalmente dispuestos a asumir los riesgos de formar discípulos para el Señor. Al hacerlo, mejoraremos no solo nuestra eficacia como líderes catequéticos, sino también nuestra estrategia para evangelizar.

Creencia empírica

La creencia empírica se refiere a la celebración de la vida por medio de rituales, acontecimientos importantes y tiempos litúrgicos. Como líderes catequéticos comprometidos con la formación de discípulos, debemos brindar oportunidades de formación espiritual y litúrgica participando en las costumbres y rituales de nuestra Tradición católica. Tanto los niños como los adultos se involucran más plenamente cuando viven experiencias de oración o rituales litúrgicos con los cinco sentidos. Cualquier persona que experimenta afecto tiene más probabilidades de valorar a la Iglesia y establecer una conexión personal con Jesús. Como señala el Papa Francisco en *Evangelii Gaudium*, "la Iglesia no es una aduana, es la casa paterna" (#47).

Resumen: Una visión para el futuro

"Señor, ¿a quién iremos? Tú tienes palabras de vida eterna". (Jn 6:68)

El ministerio catequético es mucho más que un programa; va más allá de aprender los principios básicos de la fe o de administrar los sacramentos a los niños. Los líderes catequéticos, junto con el personal de la parroquia, son llamados a soñar, crear y formar una visión amplia para el ministerio. Esta visión debería incluir a todas las personas de una parroquia y tratar de motivarlas para seguir a Cristo y dar testimonio de la fe católica. Más importante aún, debe conducir a las personas de tu parroquia hacia una vida comunitaria de discipulado.

Para reflexionar y conversar

- ¿Qué te motiva para llevar a cabo tu servicio pastoral? ¿Cuál es tu visión para la catequesis?
- Desde tu punto de vista, ¿qué actitudes o cualidades humanas debe tener el ministro pastoral para despertar entusiasmo en la fe y así compartirla con los demás?

Madurar como líder catequético

Tu función como líder catequético consiste en ayudar a las personas a ver el panorama general del ministerio catequético formando discípulos como lo hizo Jesús. Esto incluye construir puentes, sanar heridas y fortalecer relaciones.

Visita www.loyolapress.com/lce para acceder a la hoja de ejercicios.

El líder catequético eficaz

CONFERENCIA NACIONAL LIDERAZGO CATEQUÉTICO
LOYOLAPRESS.

Cómo crear una declaración de visión

Mientras que la declaración de misión de una empresa describe la razón por la cual existe (incluidas sus prioridades, responsabilidades y acciones), una declaración de visión describe, con palabras inspiradoras, cuál será el cambio o resultado deseado de una acción en particular; presenta un panorama de cómo será la misión cuando dé sus frutos como resultado de acciones e iniciativas específicas. Una buena manera de empezar a pensar en una declaración de visión para tu programa catequético es realizar el siguiente ejercicio. Imagina que, dentro de tres o cuatro años, varios grupos de adultos se encuentran reunidos en una cafetería, donde están comparando sus experiencias de formación de la fe en sus diversas parroquias. Cuando les toque hablar a quienes participan en el programa de formación de la fe de tu parroquia, ¿qué dirán que es…

- lo más singular e innovador de tu programa?
- la mayor fortaleza de tu programa?
- lo mejor sobre los catequistas?
- la razón más convincente para participar en tu programa?

© 2018 NCCL Todos los derechos reservados. El líder catequético eficaz

Liderazgo catequético: cómo deber ser, cómo debe organizarse y a quién debe servir — **Capítulo 2**

Acción sugerida

La clave para un proceso de visión exitoso consiste en recordar que no estás solo. Comienza compartiendo tus pensamientos e ideas con tu párroco y personal parroquial, y adopta el hábito de comunicar tus sueños y visiones para el ministerio catequético a individuos clave.

Recursos adicionales

En español

Colaboradores en la viña del Señor: Un recurso para guiar el desarrollo del ministerio eclesial laico. (Washington, DC: Conferencia de Obispos Católicos de los Estados Unidos, 2005).

El arte de dirigir. Juan Manuel Galaviz Herrera (Barcelona: Editorial Alba, 2013).

El líder del cambio. John P. Kotter (Boston: Harvard Business Review, 2012).

Evangelii Gaudium: Exhortación apostólica sobre el anuncio del Evangelio en el mundo actual. Papa Francisco (Washington, DC: Conferencia de Obispos Católicos de los Estados Unidos, 2013).

Evangelii Nuntiandi: Acerca de la evangelización en el mundo contemporáneo. Papa Pablo VI (Boston: Pauline Media, 1976).

Ser anuncio. Espiritualidad del evangelizador. Richard R. Gaillardetz (Editorial Claretiana, 2010).

En inglés

Reimagining Faith Formation for the 21st Century [Reimaginando la formación en la fe para el siglo XXI]. John Roberto (Naugatuck, CT: Lifelong Faith Associates, 2015).

3

Evitar el enfoque del superhéroe: liderazgo, colaboración y delegación

El trajín en el ministerio

No hace mucho, mi esposa y yo estábamos preparándonos para la celebración de la primera Eucaristía de nuestra hija Fátima. Hablamos de todos los pequeños detalles (detalles que, ciertamente, yo solo hubiera pasado por alto). La conversación abarcó temas como la calidad y el color de los manteles, las decoraciones, la música, el pastel, el vestido y la lista de invitados. Esa noche terminamos haciendo una lista. Cada uno tenía asignadas tareas y responsabilidades específicas. A medida que transcurrían las semanas, hablábamos ocasionalmente para verificar si nos faltaba algo o si se necesitaba ayuda. Cuando llegó el día de la celebración, yo era un papá orgulloso mientras veía a mi hija recibiendo su primera Eucaristía.

Antes de la celebración, la cabeza me daba vueltas mientras repasaba mentalmente la lista para cotejar si me había olvidado de algo. Teníamos todo lo que necesitábamos para la fiesta. Se habían enviado las invitaciones, se había encargado el pastel perfecto, los manteles estaban en su lugar y se había programado la música. La celebración comenzó, y fue hermoso ver a todos los angelitos con su rostro iluminado, listos para recibir el Cuerpo y la Sangre de Cristo. Mis ojos se posaron en el rostro de mi hija y comencé a contemplarla. No podía dejar de pensar en lo mucho que había crecido en tan poco tiempo. Luego experimenté un arranque de culpa en todo el cuerpo por haber perdido tanto tiempo a lo largo del camino. ¿Había estado tan presente como podría haberlo estado en el transcurso de los primeros ocho años de su vida? Cierto, llegaba a casa por la noche, la despertaba cada mañana, la llevaba a la escuela, la llevaba al pediatra a recibir sus vacunas cuando era necesario, la acompañaba a las prácticas de fútbol, etcétera. Sin embargo, mi corazón anhelaba esos preciosos momentos que pude haber perdido.

Más tarde, durante la noche, cuando ya todo había terminado, me sentí un poco melancólico. Mi esposa lo notó. Me preguntó si algo había salido mal en la fiesta. No, le respondí, todo había salido espléndidamente. Entonces le conté cómo me sentía. Le dije que Dios me estaba dando una segunda oportunidad y que iba a usar mi tiempo con mayor esmero y que no me permitiría sacrificar el tiempo con mi familia por las responsabilidades profesionales ministeriales.

¡No me malinterpretes! Amo mi ministerio y me gusta compartir mi fe con los demás, pero, como líderes catequéticos, fácilmente nos dejamos atrapar por los detalles abrumadores de nuestro ministerio y olvidamos concentrarnos en las oportunidades que están justo frente a nosotros. En mi caso, había estado demasiado ocupado prestándole atención a la tarea de criar a los hijos y me había olvidado de un aspecto esencial de la paternidad: ¡disfrutar a mis hijos!

La mentalidad del llanero solitario y la mentalidad de silo

Pese a que el ministerio catequético es una función específica en la Iglesia y tiene influencia en otros ministerios, a menudo es demasiado fácil para nosotros, como líderes catequéticos, caer en la tentación de sacar adelante el ministerio nosotros solos. Comúnmente sentimos que para crear competencia tenemos que ser productivos y entrar en el negocio de la competencia por el simple hecho de tener poder. Sentimos que si no hacemos las cosas nosotros mismos, las personas pueden pensar que somos incapaces de servir y liderar a los demás. Por eso, terminamos adoptando una mentalidad de "llanero solitario": la convicción de que debemos tratar de hacerlo todo solos.

En la actualidad, una de las historias más comunes en el mundo del cine es la del superhéroe. Una persona superdotada de inteligencia, o fuerza, o talentos, o de todas estas cosas juntas. En estas historias, el personaje principal tiene que superar un sinfín de obstáculos arriesgando su vida, y de hecho lo logra con facilidad. En muchas instancias, el mundo entero depende de él, y la salvación de la raza humana queda en sus manos y en las de nadie más. El personaje sortea toda clase de peligros, vence obstáculos y logra salir ileso a pesar de las trampas mortales a las que se enfrenta. Es el típico héroe de Hollywood: alguien que puede lograr la victoria completamente solo.

¿Para qué hago esta observación? A veces, como líderes catequéticos, actuamos como los superhéroes de cine. Pensamos que podemos hacerlo todo solos, aislando los dones y talentos de otras personas en la parroquia. Cuando tratamos de sobrevivir solos, terminamos a la defensiva. ¡También terminamos incapacitando a las mismas personas que deberíamos estar habilitando!

Íntimamente relacionada con la mentalidad de "llanero solitario" está la mentalidad de "silo": un enfoque en el ministerio que nos mantiene concentrados solo en nuestra propia área de responsabilidad, excluyendo otros ministerios. Así, el programa de formación en la fe se convierte en un mundo autónomo, mientras que lo mismo sucede con el programa de liturgia y el programa de justicia social.

El Papa Francisco explica claramente cómo una comunidad de discípulos, que incluye al líder catequético, es llamada a vivir:

> El Señor se involucra e involucra a los suyos, poniéndose de rodillas ante los demás para lavarlos. Pero luego dice a los discípulos: "Seréis felices si hacéis esto" (Jn 13:17). La comunidad evangelizadora se mete con obras y gestos en la vida cotidiana de los demás, *achica* distancias, se abaja hasta la humillación si es necesario, y *asume* la vida humana, *tocando la carne sufriente* de Cristo en el pueblo. (*Evangelii Gaudium*, #24, énfasis añadido)

En una cultura de silo, las personas en el ministerio tienen dificultad para involucrar a los demás de manera colaborativa. Es algo casi imposible. Un párroco me contó una vez que estaba tratando de crear una cultura de colaboración entre varios miembros de su personal por medio de reuniones frecuentes. Aunque las personas estaban muy dispuestas a asistir a las reuniones y compartir algunas opiniones, una vez que la reunión se terminaba volvían a sus responsabilidades, como de costumbre, y no se esforzaban por comunicarse con los demás hasta la siguiente reunión. No había un cambio real. Este tipo de mentalidad y disfunción sistémica en la parroquia podría atribuirse a las personalidades humanas. No obstante, es algo directamente opuesto a lo que significa funcionar como Iglesia.

Como líderes catequéticos llamados a liderar como lo hizo Jesús, necesitamos evitar este tipo de comportamiento. La mentalidad de silo solo alimenta el ego; crea barreras en lugar de puentes y divide en lugar de buscar unidad; fomenta la toma de decisiones desconectadas; y, lo más importante, olvida cómo ser una comunidad evangelizadora.

¡Si solo hubieran hablado entre sí!

Para ilustrar mi observación, a continuación ofrezco un ejemplo con el que me encontré una vez. La parroquia tiene una directora de educación religiosa y un director de formación en la fe para adultos. Ambos líderes son empleados de la parroquia y tienen responsabilidades específicas para llevar adelante el ministerio de formación en la fe. Sus oficinas están en edificios diferentes, y una vez al mes tienen reuniones de personal con el párroco. El director de formación en la fe para adultos no pudo asistir a una de las reuniones porque estaba enfermo. Sin embargo, la DER (directora de educación religiosa) sí estuvo presente e informó que veía la necesidad de ofrecer, en unos meses, un retiro para los padres de los niños que se estaban preparando para los sacramentos. Lamentablemente, antes de reinventar la rueda, a la DER no se le ocurrió preguntar al director de formación en la fe para adultos si ya existía un retiro.

Pasó dos meses intentando crear un equipo de retiro, obtuvo la aprobación de todos los formularios legales, creó el contenido del retiro, diseñó un elegante volante de inscripción y compró las cosas que necesitaba, todo esto mientras cumplía con sus funciones operativas como DER. Se sintió abrumada por completo, al punto de quedar exhausta.

El mes siguiente no hubo reunión de personal debido a los días festivos, por lo que una vez más se dejó de lado el tema. Finalmente, la DER tuvo su retiro, al que asistieron 45 de los 110 padres. Tuvieron una experiencia maravillosa, pero al final fue demasiado para la DER. Poco después, en la siguiente reunión de personal, el director de formación en la fe para adultos informó que estaba promoviendo un retiro para el mes siguiente para todos los adultos de la parroquia sobre el tema de transformación personal y la dinámica familiar. Tuvo un equipo de personas que lo ayudaron a promover, liderar y facilitar el retiro, al que acudieron más de 180 participantes.

Pues bien, preguntarás: ¿qué pasó? Obviamente, no hubo comunicación entre la líder catequética y el director de formación en la fe para adultos, y fue evidente el bajo nivel de colaboración entre el personal. El párroco o el asociado pastoral podría haberle dicho a la DER que antes de emprender la organización de este retiro debía hablar con el director de formación en la fe para adultos y ver cómo los dos podían unir esfuerzos. Esto pudo haber ahorrado tiempo, energía y recursos, y le hubiera permitido a la DER trabajar con mayor eficiencia.

Colaboración

El primer paso en la colaboración es reconocer que eres un líder catequético talentoso; por eso se te contrató para hacer el trabajo. Sin embargo, hay otros talentos y dones en tu parroquia que pueden ayudarte a llevar adelante tu ministerio. La colaboración es algo más que una bonita idea; es esencial para la misión de la Iglesia y es una expresión de la "unidad" que caracteriza al Cuerpo de Cristo. En cierto sentido, la colaboración es la "configuración original" de los cristianos; no es una estrategia, sino una práctica espiritual. La colaboración significa trabajar juntos para satisfacer las necesidades y los intereses de múltiples grupos; no solo del tuyo. Tu función como líder catequético es sacar a la luz los diferentes dones de todos para llevar a cabo la tarea en cuestión. Esto comienza con la visión común de ser una comunidad evangelizadora que lleva a Cristo a todos los sectores de la sociedad.

Asimismo, colaboración significa que, como líderes, necesitamos aprender a desprendernos de nuestro propio ego y eliminar la presunción de que tenemos todos los dones y las respuestas que la gente está buscando. En su libro *Servant Leadership: A Journey into the Nature of Legitimate Power and Greatness* [Liderazgo de servicio: un viaje a la naturaleza del poder legítimo y la excelencia], el autor Robert Greenleaf describe el ego como "tiránico, despótico y dictatorial. . . Ve las relaciones como una amenaza o una no-amenaza" [v.d.t.] (Paulist Press, 1997, 6). Cuando nuestros egos no están disciplinados, son incapaces de servir a las necesidades de los demás, algo que solo puede ocurrir cuando reconocemos lo sagrado y la imagen de Dios en cada persona. La colaboración rompe con este círculo vicioso de intentar controlar, porque ve y valora un bien mayor para la comunidad y no solo la propia preservación.

La siguiente tabla (adaptada de *Effective Collaboration* [Colaboración eficaz], publicado por Llywodraeth Cymru, [gobierno de Gales; ver http://learning.gov.wales/docs/learningwales/publications/150922-info-booklet-en.pdf]) muestra los resultados de un tipo de colaboración que no es eficaz y los que se obtienen al aplicar una colaboración que sí es eficaz.

Colaboración no eficaz	**Colaboración eficaz**
Competencia	Comunidad
Sujeta a las reglas	Motivada por los valores y la visión
Alto control	Alta confianza y consentimiento
Autoridad vertical	Autoridad compartida
Enfoque coercitivo	Influencia positiva

La colaboración requiere tiempo, libertad, esfuerzo, voluntad y escucha activa: lo cual, según Robert Greenleaf, "aumenta la fortaleza en los demás" [v.d.t.]. La colaboración también evita la competencia interna, los antagonismos, la microgestión y las relaciones controladoras. Los líderes catequéticos pueden convertirse en colaboradores eficaces cuando:

- son oyentes activos dispuestos a comprometerse
- se comunican con claridad
- son auténticos en sus expectativas
- son líderes que promueven estructuras que permiten la colaboración
- están dispuestos a liderar con el ejemplo (a ser testigos creíbles)
- son flexibles y están en constante evolución
- son conscientes del panorama general o bien común
- están dispuestos a delegar responsabilidades
- están dispuestos a empoderar a los demás

En resumen, la colaboración podría caracterizarse como un trabajo en conjunto fundamentado en las fortalezas y los dones de cada uno.

Colaboración desde el principio

En su artículo "New Evangelization through Collaboration" [Nueva evangelización a través de la colaboración], el padre Frank Donio, SAC, y Barbara Humphrey McCrabb identifican tres tipos distintos de colaboración: la "colaboración para", comúnmente relacionada con una sola persona, que toma una decisión y luego invita a otras a implementar el plan; la "colaboración con", comúnmente relacionada con una persona que invita a algunas otras a trabajar en conjunto y así lograr el cambio; y la "colaboración desde el principio", comúnmente relacionada con el trabajo colectivo a lo largo de todo el proceso, no como estrategia, sino como "modo de proceder" (*Catechetical Leader* [El líder catequético], noviembre de 2014; disponible en http://www.catholicapostolatecenter.org/uploads/9/2/4/6/9246931/new_evangelization_through_collaboration_nov.pdf).

Este modo colaborativo de proceder se caracteriza, según Donio y McCrabb, por lo que ellos llaman espiritualidad del cenáculo, eclesiología de *communio* y tecnología de cooperación.

- **Espiritualidad del cenáculo:** el piso superior en el que los discípulos y María se reunieron en oración esperando la llegada del Espíritu Santo en Pentecostés se llama tradicionalmente el "cenáculo" (de la palabra latina *cenaculum*, que significa "comedor"). Según Donio y McCrabb, la espiritualidad de cenáculo es la que reconoce los dones de todos, unidos bajo la orientación y defensa del Espíritu Santo, que anima al grupo a reunirse en oración y salir en misión.
- **Eclesiología de *communio*:** *communio* es una unión que va mucho más allá del mero compañerismo y la solidaridad. Se refiere a la vida interior de la Santísima Trinidad, una intimidad

tan intensa que Tres Personas son Una. Nuestra colaboración no se da simplemente con el otro, sino con la Santísima Trinidad.

- **Tecnología de cooperación:** en última instancia, la colaboración se manifiesta en las técnicas básicas que incluyen el reconocimiento de los dones de cada uno y la participación en el diálogo recíproco, la escucha atenta y la respuesta efectiva. Donio y McCrabb explican que esta cooperación se caracteriza por ser simple y directa, proactiva y enfocada hacia el exterior, pastoral y colaborativa, misericordiosa y alegre, llena de fe y de testimonio.

Para el ministro catequético, la colaboración no es simplemente algo que podría ayudar a mejorar la eficacia, sino más bien un llamado a personificar la vida de la Santísima Trinidad, el modelo supremo de colaboración.

El arte de la delegación

Hay algunos líderes catequéticos que están dispuestos a ayudar, servir y hacer el trabajo, pero que no piden ayuda a otras personas ni delegan responsabilidades porque quieren demostrar que son capaces. Hay otros que hacen el trabajo sin pedir ayuda porque quieren complacer a todos. En su libro *Servant Leadership Models for Your Parish* [Modelos de liderazgo de servicio para tu parroquia], Dan Ebener explica que un líder que trata de hacer todo y no delega está practicando el "servicio sin poder" [v.d.t.] (20). Un líder puede terminar pisoteado por los demás porque carece de la capacidad para influenciar a otras personas y realizar cambios estratégicos de acuerdo con las necesidades.

Una vez más, pienso en mi propia experiencia trabajando con el consejo pastoral de la parroquia. Tenía que delegar responsabilidades en el vicepresidente y en otros miembros del consejo y alentarlos a tomar la iniciativa. No se trataba de cargarlos a ellos con mis responsabilidades porque yo simplemente no quería hacer mi trabajo. Más bien, delegaba responsabilidades porque reconocía los diferentes dones y talentos que tenía este consejo. Yo no soy el consejo; soy solo un miembro del consejo, y este ministerio no es mío, sino que me ha sido otorgado por la autoridad de la Iglesia. El mismo principio puede aplicarse al ministerio catequético. ¿Llamas personalmente al padre de cada niño que falta a clases? No; el líder catequético eficaz podría delegar esto, digamos, formando un grupo de padres que ayude a hacer esas llamadas. En tal caso, la responsabilidad del líder catequético consiste en proporcionar al equipo de llamadas una lista de nombres, números de teléfono y un guion pastoralmente sensible y no ofensivo para que lo lean. Después de eso, se realizará la tarea.

Delegar comienza con una invitación personal, que requiere de un verdadero contacto visual humano. Ebener describe el modo en que miembros de la parroquia de Santa María de Iowa City se involucraron después de que el padre Ken o la hermana Agnes les hicieran una invitación especial a ayudar (108). Jesús mismo nos ha dado el mejor ejemplo posible de una invitación personal: él caminó por Galilea conociendo a las personas, y entonces llegó la invitación.

Dedica un momento a buscar los siguientes pasajes bíblicos en los que se describe cómo Jesús invitó a otras personas a acompañarlo. Toma nota de cualquier palabra o frase que exprese contacto humano, calidez o inclusión.

Lucas 7:36–50	
Lucas 14:8–14	
Juan 1:35–39	
Juan 1:43–51	
Mateo 4:18–22	
Mateo 9:9–12	
Marcos 10:17–25	

Empoderamiento

Desde mi función en la Oficina de Evangelización y Catequesis de la Arquidiócesis de Galveston, Houston, superviso la formación en la fe para adultos para la comunidad hispana. Hace algún tiempo, tras escuchar a varios párrocos y personas de diferentes ministerios, llegué a la conclusión de que la arquidiócesis necesitaba un retiro que explorara diferentes tipos de espiritualidad y ofreciera distintos tipos de experiencias espirituales. Volví a mi oficina y comencé a hacer llamadas a centros de retiros y a personas que podrían estar dispuestas a ayudarme a liderar este ministerio. Más tarde, visité diferentes parroquias y hablé con líderes catequéticos y de ministerios hispanos con el objeto de encontrar a personas que estuvieran dispuestas a servir, a escuchar y a ser líderes.

A medida que me sugerían personas, observé sus ministerios y me esforcé por llegar a conocerlas. Después de varios meses y un proceso de discernimiento, elegí a ocho personas y las invité a formar un equipo de retiro llamado *Qados*, nombre que se relaciona con la palabra hebrea *qadosh*, que significa "santo". Le entregué a cada miembro del equipo una lista de responsabilidades que incluía fechas de encuentros y temas de futuros retiros. Sabía que esto iba a requerir una gran cantidad de tiempo y esfuerzo, pero la relación que había establecido con ellos estaba basada en la confianza y tenía mucha fe en que podrían hacerlo.

Como líder catequético, compartir tu ministerio con compañeros capaces te ayudará a realizar el trabajo. Este concepto de compartir tu ministerio es lo que significa empoderar a los demás. Los sociólogos dicen que los equipos fuertes son imanes para el talento: formar semejantes equipos requiere mucho tiempo y esfuerzo, pero conseguir a las personas correctas para ayudarte a cumplir con tu ministerio bien vale la pena. Por lo tanto, al empezar a colaborar, delegar y empoderar a los demás compartiendo tu ministerio, ten en cuenta que, si bien los miembros de tu equipo te ayudarán a lograr tu objetivo, la prueba decisiva del verdadero liderazgo de servicio es lograr que quienes son servidos crezcan como personas y tengan más probabilidades de convertirse en servidores ellos mismos (ver Robert K. Greenleaf, *The Servant as Leader* [El servidor como líder], 6).

Resumen: La belleza de trabajar con los demás

[Jesús dijo:] "La cosecha es abundante, pero los trabajadores son pocos. Rueguen al dueño de los campos que envíe trabajadores para su cosecha". (Lc 10:2)

Los líderes serviciales anteponen las necesidades de los demás a las propias. Aun así, es muy fácil caer en la trampa de hacer las cosas solos, sin pedir ayuda. Como líderes catequéticos, es importante reconocer que la catequesis es parte de un proceso global que consiste en hacer discípulos para toda la parroquia. Al mismo tiempo, la acción de invitar a los demás a ser parte de tu ministerio se basa en el modelo del Cuerpo de Cristo: una comunidad de creyentes. Por último, existe belleza en el hecho de trabajar con los demás, especialmente cuando se trata del personal de la parroquia. Este nivel de compromiso requiere habilidades de comunicación, colaboración y delegación eficaces para difundir la Buena Nueva de Jesucristo a los demás.

Para reflexionar y conversar

- ¿Qué responsabilidades tienes que podrías delegar en los demás?
- ¿Cómo te comunicas con los diferentes ministerios en tu parroquia?
- ¿Cómo se comunican los feligreses contigo?

Madurar como líder catequético

Un aspecto importante del ministerio catequético es el hecho de que este ministerio no es mío, sino que me ha sido otorgado por la autoridad de la Iglesia para llevar a cabo su misión. Para lograrlo, se necesitan colaboración y delegación a medida que más personas participan en este ministerio. No puede haber superhéroes cristianos. ¿Cómo invitas a los demás a participar en tu ministerio? ¿Está en tu naturaleza dar órdenes en lugar de consultar e involucrar a los demás? De ser así, ¿qué paso puedes dar para comenzar un cambio de mentalidad hacia la colaboración?

El líder catequético eficaz

CONFERENCIA NACIONAL LIDERAZGO CATEQUÉTICO LOYOLAPRESS.

¿Qué clase de colaborador soy?

La colaboración requiere tiempo, libertad, esfuerzo, voluntad y saber escuchar, y evita la competencia interna, el antagonismo, la microgestión y las relaciones controladoras. Dedica un momento a reflexionar sobre las personas con quienes colaboras (o deberías estar colaborando), los obstáculos que pudiera haber en el camino y la calificación que te das a ti mismo como colaborador.

¿Con quién colaboro más actualmente?	
¿Qué hace que esta colaboración sea eficaz?	
¿Con quién debería estar colaborando más?	
¿Qué obstáculos están impidiendo una colaboración más eficaz?	

Cuando se trata de colaborar, ¿qué calificación me doy en las siguientes habilidades? 1 = para nada de acuerdo; 5 = totalmente de acuerdo

- Escucho con atención y tengo la disposición de interactuar con los demás. 1 2 3 4 5
- Me comunico con claridad. 1 2 3 4 5
- Soy honesto con mis expectativas. 1 2 3 4 5
- Promuevo estructuras que permiten la colaboración. 1 2 3 4 5
- Estoy dispuesto a liderar con el ejemplo. (Soy un testigo creíble). 1 2 3 4 5
- Me adapto y crezco. 1 2 3 4 5
- Soy consciente del panorama general o del bien común del grupo. 1 2 3 4 5
- Estoy dispuesto a delegar responsabilidades. 1 2 3 4 5
- Estoy dispuesto a empoderar a los demás. 1 2 3 4 5

Liderazgo catequético: cómo deber ser, cómo debe organizarse y a quién debe servir Capítulo 3

Visita www.loyolapress.com/lce para acceder a la hoja de ejercicios.

Acción sugerida

Sergey Brin y Larry Page se conocieron en la universidad de Stanford y más tarde fundaron la empresa que se convertiría en Google. Al principio no se soportaban, pero gracias a sus talentos y a su voluntad de colaborar, pudieron transformar el modo en que el mundo busca información. Dedica de cinco a diez minutos diarios a hablar con el personal de tu parroquia, conoce más a fondo a los líderes de los diferentes ministerios de tu parroquia y haz una lista de posibles proyectos colaborativos, también conocidos como sueños.

Recursos adicionales

En español

Evangelii Gaudium: Exhortación apostólica sobre el anuncio del Evangelio en el mundo actual. Papa Francisco (Washington, DC: Conferencia de Obispos Católicos de los Estados Unidos, 2013).

El trabajo en equipo: Vivir creativamente el conflicto. Juan Carlos Bermejo Higuera y Ana Martínez Cuevas (Bilbao: Editorial Sal Terrae, 2009).

Una nueva visión de las relaciones humanas. Edmond Marc y Dominique Picard (Bilbao: Ediciones Mensajero, Grupo de Comunicación Loyola, 2008).

En inglés

Hispanic Ministry in Catholic Parishes: A Summary Report of Findings from the National Study of Catholic Parishes with Hispanic Ministry [Ministerio hispano en parroquias católicas: un informe resumido de los resultados del Estudio nacional de parroquias católicas con ministerio hispano]. Hosffman Ospino (Huntington, IN: Our Sunday Visitor, 2015).

Heroic Leadership [Liderazgo heroico]. Chris Lowney (Chicago: Loyola Press, 2005).

Leadership Is an Art [El liderazgo es un arte]. Max DePree (New York: Penguin Random House, 2004).

Fostering Leadership Skills in Ministry [Promover las habilidades de liderazgo en el ministerio]. Jean Marie Hiesberger (Liguori, MO: Liguori Publications, 2002).

4

¿Tienes lo que se necesita? El liderazgo y las cualidades necesarias

Fortalecer tu centro

No se puede negar que las parroquias, los movimientos, las diócesis y las organizaciones nacionales están en la búsqueda constante de individuos con las capacidades y habilidades necesarias para llevar a cabo los ministerios catequéticos de una manera profesional y eficaz. El *Directorio Nacional para la Catequesis* sostiene: "El factor más crítico en un programa catequístico parroquial efectivo es el liderazgo de un dirigente catequístico parroquial capacitado profesionalmente. . . Según el alcance de las responsabilidades, por lo general el cargo se denomina 'director parroquial de catequesis o de educación religiosa' [o] 'coordinador parroquial de catequesis o de educación religiosa'" (#5).

Tal vez te invitaron a asumir la función de líder catequético porque en la parroquia necesitaban a alguien para inscribir a los estudiantes, encargar libros de texto, asignar catequistas y organizar las reuniones con los padres. Ahora que tienes este cargo, te das cuenta de que la función requiere mucho más que el cumplimiento de algunas tareas básicas. O quizás sentiste un llamado personal a orientar a las personas hacia Jesús por medio del ministerio catequético y reconoces que el ministerio requiere una amplia gama de cualidades, talentos y habilidades que estás ansioso por incorporar y dominar. Como sea que hayas llegado y cualesquiera que sean los talentos que posees, la conclusión es que el liderazgo catequético es un ministerio complejo que exige competencias fundamentales específicas para sobresalir.

En el mundo del entrenamiento físico, se le presta mucha atención al concepto del "fortalecimiento de los músculos del torso". La idea es que, si puedes fortalecerlos, te estabilizarán y te permitirán participar en una gran variedad de actividades físicas con mayor facilidad, menos dolor y mayor equilibrio. De un modo similar, es fundamental que, como líder catequético, "fortalezcas tu centro", es decir, que prestes atención a las competencias fundamentales que sirven como base para todo lo que haces en el ministerio pastoral.

Los *National Certification Standards for Lay Ecclesial Ministers* [Estándares de certificación nacional para ministros eclesiales laicos], creados por la *Alliance for the Certification of Lay Ecclesial Ministers* [Alianza para la Certificación de Ministros Eclesiales Laicos] y aprobados por la *United States Conference of Catholic Bishops Commission on Certification and Accreditation* [Comisión sobre Certificación y Acreditación de la Conferencia de Obispos Católicos de Estados Unidos], describe cuatro categorías de formación que pueden aplicarse al liderazgo catequético (humana, espiritual, intelectual y pastoral) y establece un estándar para las cualidades necesarias que se exigen directamente en el documento *Colaboradores en la viña del Señor*.

Formación humana

Cuando te atiende un médico, resulta de gran ayuda que el médico, además de sus conocimientos de medicina, también tenga un buen trato con el paciente. Como líder catequético, estás tratando principalmente con personas: otros seres humanos, no con doctrina y conceptos. En el corazón de tu ministerio está la habilidad de construir, fomentar y mantener relaciones personales. Las personas a quienes sirves y atiendes quieren saber que tienes una personalidad sana y equilibrada. Esto significa prestar atención a tu salud física, emocional, sexual y psicológica, y demostrar la capacidad de comprender con empatía a los demás, expresar y recibir afecto y cariño, celebrar la alegría y ser reflexivo. Una persona que tiene las cualidades necesarias en formación humana manifiesta madurez, carácter y una personalidad equilibrada. Manifiesta "salud psicológica, marcada por la integridad, por límites interpersonales apropiados, y por la capacidad de honrar y salvaguardar la confianza que la gente deposita en ellos como ministros de la Iglesia" (Colaboradores en la viña del Señor).

En pocas palabras, una formación humana saludable se traduce en un líder catequético que muestra entendimiento y conciencia de sí mismo, salud física, emocional (también sexual) y psicológica, la capacidad de crecer y aprender, aprecio por la diversidad y virtudes básicas, especialmente el respeto por los demás.

Para desarrollar estos elementos de formación humana, *Colaboradores en la viña del Señor* también recomienda que el ministro pastoral participe en pequeñas comunidades de fe, acoja la afirmación y la crítica, participe en consejo y/u orientación espiritual y en la reflexión espiritual (37).

Formación espiritual

Una vez conocí a un párroco que era lo que la gente llama un "hombre para todo servicio". Dedicaba la mayor parte de su atención y energía a reparar techos, pavimentar estacionamientos, renovar centros parroquiales y organizar campañas de recaudación de fondos. Sí, todos estos son emprendimientos muy importantes y valiosos. Pero este párroco también parecía incapaz de compartir su fe o de expresar cualquier tipo de pensamiento espiritual profundo, lo que llevaba a las personas a preguntarse por qué, exactamente, se había convertido en sacerdote.

La formación espiritual está estrechamente vinculada a la formación humana, pero se concentra en la medida en que la formación humana de un individuo se arraiga y modela en el Misterio Pascual de Jesucristo. Las personas te verán a ti, su líder catequético, como un guía espiritual: alguien que entiende lo que significa transitar el camino espiritual como discípulo de Cristo. La formación espiritual se nutre de una vida de oración (esto incluye leer y orar con las Sagradas Escrituras), una vida litúrgica (arraigada en la celebración de los sacramentos, especialmente la Eucaristía) y la práctica de acompañar con empatía a las personas en sus momentos de alegría y dolor. Un líder catequético que tiene las cualidades necesarias en la formación espiritual demuestra sed de santidad por medio de prácticas, actitudes y temperamento. Es capaz de desarrollar una espiritualidad sensible a diversas expresiones culturales basadas en la conversión, la comunión, la misión y la solidaridad.

Una formación espiritual saludable se manifiesta en un líder catequético que demuestra una relación auténtica con Cristo y la Iglesia, un vínculo que se nutre de la oración y la lectura de las Sagradas Escrituras. Además, demuestra devoción por la Eucaristía, la Virgen María y los santos, y articula una conciencia de la cercanía de Dios en la vida cotidiana.

Con el objeto de desarrollar estos elementos de formación espiritual, se recomienda que el ministro pastoral participe en la oración diaria, así como en las prácticas espirituales, la orientación espiritual, las reflexiones teológicas y la acción de compartir la fe, la práctica de la justicia y la caridad, y el estudio de la vida de los santos.

Formación intelectual

Cuando llevas el auto al mecánico, confías en que este sabe bien qué hay debajo del capó y cómo las diversas "partes" trabajan conjuntamente para hacer que el auto funcione con eficiencia. De la misma manera, quienes ahora buscan en ti liderazgo catequético esperan y confían en que tengas un cierto nivel de conocimiento y capacidad para explicar los principios básicos, las doctrinas y las tradiciones de la Iglesia católica. Este tipo de formación a menudo puede resultar un gran desafío porque adquirirla formalmente (por medio de una certificación o un título) implica invertir tiempo y dinero. Sin embargo, ese conocimiento es crucial ya que eres llamado a tomar decisiones que suponen una sólida comprensión de teología, eclesiología, Tradición de la Iglesia, y teoría y metodología catequéticas. Un líder catequético con las cualidades necesarias en formación intelectual demuestra comprensión de los estudios teológicos católicos y conocimiento del ministerio, así como capacidad para conocer e integrar todas las áreas de la teología en la práctica ministerial, incluida la enseñanza social católica, para la transformación de la Iglesia y la sociedad.

Esta formación debe ser lo suficientemente amplia como para profundizar el conocimiento y la apreciación de los cuatro pilares de la fe católica: el Credo, el culto, la moral y la oración, así como la teología pastoral, la espiritualidad y el derecho canónico. Si bien no es necesario que el líder catequético sea una enciclopedia andante de teología dogmática, necesita demostrar una comprensión fundamental de las enseñanzas de la Iglesia y la capacidad de aprovechar esa información para sí y para los demás.

La formación intelectual se desarrolla a partir y a través del compromiso y la participación en pequeños grupos, conferencias, charlas, clases, seminarios, investigación independiente, proyectos de aprendizaje guiados y reflexión teológica.

Formación pastoral

En muchas profesiones, significa mucho para "las tropas" que su líder sea alguien que ha estado en "las trincheras" y entiende el mundo real, en lugar de alguien que pasa demasiado tiempo en una torre de marfil.

Es bien sabido que el Papa Francisco alienta a los ministros pastorales a "oler a oveja": involucrarse en situaciones de la vida real, con gente real, en lugar de contar solo con el conocimiento académico. El objetivo de la formación pastoral es ayudar al ministro pastoral a aprender cómo involucrar eficazmente a las personas con el Evangelio en diversas situaciones y circunstancias. Un líder catequético con las cualidades necesarias en formación pastoral demuestra una variedad de habilidades pastorales y de liderazgo para un ministerio eficaz que le permite ejercer una práctica sólida de atención pastoral compasiva.

En última instancia, el ministerio pastoral tiene que ver con las relaciones. Como tal, un líder catequético es llamado a desarrollarse en el área de formación pastoral. Una formación pastoral saludable se traduce en un líder catequético capaz de orar con los demás y de guiarlos en la oración, de ofrecer reflexiones (escritas o verbales) que inspiren a otros a profundizar en su fe y de interactuar con los demás, especialmente con aquellos que lo necesitan (lo que requiere habilidades para escuchar y aconsejar). La formación pastoral también profundiza la propia capacidad para organizar y colaborar eficazmente, tema que abordamos en el capítulo 3.

Para desarrollar estos elementos de formación pastoral, se recomienda que el ministro pastoral no solo estudie, sino que también participe en experiencias prácticas en situaciones reales (pasantías, demostraciones, proyectos, juegos de roles y prácticas) bajo la dirección de un mentor, acompañadas de reflexión teológica y personal.

Mientras reflexionas sobre tus propias habilidades y competencias, dedica un momento a revisar la lista a continuación. Encierra en un círculo las habilidades y funciones que crees que son tus fortalezas y subraya aquellas que quizás necesites desarrollar. De ninguna manera se trata de una lista exhaustiva.

- negociación
- planificación de reuniones
- organización
- precisión

- actitud positiva
- colaboración
- resolución de conflictos
- adaptabilidad
- asesoramiento
- toma de decisiones
- delegación
- comunicación
- motivación
- capacidad de realizar varias actividades al mismo tiempo
- hablar en público
- reclutamiento
- confiabilidad
- coherencia
- logro de objetivos
- firmeza
- empatía
- escucha activa
- gestión del tiempo
- credibilidad
- responsabilidad
- compromiso
- flexibilidad
- innovación

Mientras buscas desarrollar tus propias habilidades y competencias, consulta con tu oficina de catequesis diocesana y con la *National Conference for Catechetical Leadership* (NCCL) [Conferencia Nacional para el Liderazgo Catequético] sobre recursos y programas que puedan ayudarte a crecer en tu ministerio y a encontrar una red de colegas que puedan compartir contigo ideas y mejores prácticas.

Según un dicho popular, "los grandes líderes nacen, no se hacen". Sin embargo, mientras que la capacidad para un gran liderazgo puede ser innata para algunas personas, en realidad hay muchas otras que necesitan adquirir habilidades de liderazgo por medio de capacitación especializada. En el mundo complejo y cada vez más secular de hoy, es fundamental que, como líderes catequéticos, tengamos las habilidades y cualidades necesarias apropiadas para participar en la vida de las personas a quienes servimos.

Profesionalismo en el ministerio catequético

Pronto aprendemos cuáles son (y cuáles no son) nuestras cualidades necesarias cuando nos lanzan a la parte honda de la piscina, por decirlo de alguna manera, y comenzamos a trabajar en un campo que nos interesa. Cuando estaba en la universidad, fantaseaba con la idea de ejercer el ministerio de hospital. Bajo la supervisión de un gran hombre, el diácono Rodríguez, pasé casi ocho meses como voluntario en el campo del ministerio de hospital, aprendiendo sobre las cualidades necesarias para sobresalir en este ministerio. En lo personal, advertí que no sería capaz de manejar el estrés emocional cuando me tocara acompañar a personas que están sufriendo tanto, pero también llegué a reconocer y apreciar la necesidad de un cierto nivel de profesionalismo en el ministerio.

Como resultado, en mi primer trabajo como líder catequético, que fue en una pequeña parroquia al noroeste de Houston, me acerqué a mi ministerio con una mejor comprensión de mis cualidades, dones y talentos, así como de mis limitaciones. En poco tiempo también llegué a apreciar el alcance y la complejidad del ministerio catequético y el hecho de que requería mucho más que un funcionario que abriera las puertas, pusiera libros de texto en las aulas, hiciera fotocopias de actividades adicionales y luego esperara a que llegaran las familias. Pronto me di cuenta de que el ministerio catequético era mucho más que simplemente el "programa". Si bien había que dar clases y los catequistas tenían que recibir capacitación, el "programa" que ofrecíamos no era de interés para las familias, y los catequistas se consideraban más que nada facilitadores de sesiones de lecturas de libros. Definitivamente, estábamos en "modo de mantenimiento". Romper con esta mentalidad en la parroquia requeriría un liderazgo con habilidades específicas y capacitación especializada.

También aprendí que involucrar eficazmente a todos los participantes en las diferentes etapas de su vida para mantener una relación más íntima con Jesucristo requería una gran cuota de profesionalismo. En su libro *Dreams and Visions* [Sueños y visiones] (Twenty-Third Publications, 2007, 12), Bill Huebsch habla de la catequesis para toda la comunidad, la cual imita ciertos elementos del catecumenado para dar nueva vida a la parroquia. Este enfoque incluye:

- retiros
- pequeñas comunidades de fe en desarrollo
- patrocinadores y mentores
- experiencias litúrgicas
- revelar la Palabra
- catequistas preparados para toda la vida
- reflexión mistagógica

Ninguno de estos elementos se encontraba en la parroquia en la que servía como líder catequético, por lo que supe que necesitaría capacitación en estas áreas para lograr que fueran una realidad en mi ministerio parroquial. Por suerte para mí, cuando se formularon y promulgaron los *National Certification Standards for Lay Ecclesial Ministers* [Estándares de certificación nacional para ministros eclesiales laicos] pude comenzar a dedicarme a mi propio desarrollo profesional. Este proceso culminó con la obtención de una maestría en estudios pastorales de la Facultad de Teología de la Universidad de Saint Thomas en el seminario de Saint Mary en Houston, Texas.

Tal vez tú te encuentres en situación de obtener una educación formal o de recibir capacitación en este momento, o tal vez no. Sin embargo, cualesquiera que sean las circunstancias en las que te encuentres, siempre debes estar listo para seguir adelante dando el paso que mejor se adecue a tu formación. Esto podría significar acudir a un seminario, participar en un seminario web, leer un libro o asistir como oyente a un curso. El ministerio catequético nos llama a la excelencia, y el Pueblo de Dios merece solo lo mejor cuando se trata de la formación en la fe.

Resumen: Liderazgo en el siglo XXI

"Con lo cual el hombre de Dios estará formado y capacitado para toda clase de obras buenas". (2 Tim 3:17)

El ministerio catequético requiere un nivel de profesionalismo que refleje el estilo de liderazgo de servicio que Jesús irradia en los Evangelios. Lo que es más importante, el ministerio catequético no es solo un trabajo o una profesión en el sentido estricto de la palabra. Más bien, en virtud del sacramento del Bautismo, es un llamado sagrado, un don de Dios, que te ha invitado a esta aventura de formar discípulos para Cristo. Por lo tanto, se necesitan ciertas competencias, talentos pastorales y habilidades para garantizar que llegues a ser un líder catequético eficaz como Dios quiere, de modo que puedas empoderar a otros para servir y liderar como lo hizo Jesús.

Para reflexionar y conversar

- ¿Cómo demuestro profesionalismo en mi liderazgo catequético? ¿Cómo busco crecer en mi profesionalismo? ¿Quién o qué puede ayudarme en esta área?
- ¿Cómo demuestro aprecio y gratitud a mis catequistas?

Madurar como líder catequético

El liderazgo catequético requiere un conjunto de estándares que promueven credibilidad, estabilidad, coherencia y excelencia en el ministerio eclesial laico. Estos estándares están organizados en cuatro categorías de formación: humana, espiritual, intelectual y pastoral. Haz un plan para desarrollar tus competencias en estas áreas. Identifica las áreas en las que te gustaría crecer durante el próximo año y los tipos de capacitación que te ayudarían a lograrlo.

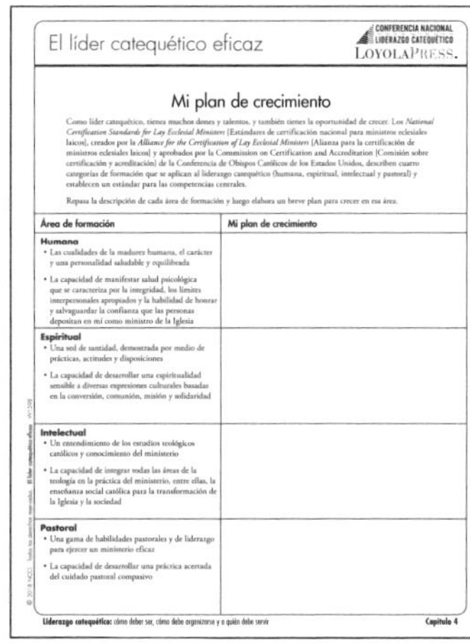
El líder catequético eficaz

CONFERENCIA NACIONAL LIDERAZGO CATEQUÉTICO
LOYOLAPRESS.

Mi plan de crecimiento

Como líder catequético, tienes muchos dones y talentos, y también tienes la oportunidad de crecer. Los *National Certification Standards for Lay Ecclesial Ministers* [Estándares de certificación nacional para ministros eclesiales laicos], creados por la *Alliance for the Certification of Lay Ecclesial Ministers* [Alianza para la certificación de ministros eclesiales laicos] y aprobados por la Commission on Certification and Accreditation [Comisión sobre certificación y acreditación] de la Conferencia de Obispos Católicos de los Estados Unidos, describen cuatro categorías de formación que se aplican al liderazgo catequético (humana, espiritual, intelectual y pastoral) y establecen un estándar para las competencias centrales.

Repasa la descripción de cada área de formación y luego elabora un breve plan para crecer en esa área.

Área de formación	Mi plan de crecimiento
Humana • Las cualidades de la madurez humana, el carácter y una personalidad saludable y equilibrada • La capacidad de manifestar salud psicológica que se caracteriza por la integridad, los límites interpersonales apropiados y la habilidad de honrar y salvaguardar la confianza que las personas depositan en mí como ministro de la Iglesia	
Espiritual • Una sed de santidad, demostrada por medio de prácticas, actitudes y disposiciones • La capacidad de desarrollar una espiritualidad sensible a diversas expresiones culturales basadas en la conversión, comunión, misión y solidaridad	
Intelectual • Un entendimiento de los estudios teológicos católicos y conocimiento del ministerio • La capacidad de integrar todas las áreas de la teología en la práctica del ministerio, entre ellas, la enseñanza social católica para la transformación de la Iglesia y la sociedad	
Pastoral • Una gama de habilidades pastorales y de liderazgo para ejercer un ministerio eficaz • La capacidad de desarrollar una práctica acertada del cuidado pastoral compasivo	

© 2018 NCCL Todos los derechos reservados. El líder catequético eficaz W1598

Liderazgo catequético: cómo deber ser, cómo debe organizarse y a quién debe servir **Capítulo 4**

Visita www.loyolapress.com/ECL para acceder a la hoja de ejercicios.

Acción sugerida

Varias organizaciones nacionales, como la *National Conference for Catechetical Leadership* (NCCL) [Conferencia Nacional para el Liderazgo Catequético]; la *National Association for Lay Ministry* (NALM) [Asociación Nacional para el Ministerio Laico]; la *Federation for Catechesis with Hispanics* (FCH) [Federación para la Catequesis con Hispanos]; y la *National Federation for Catholic Youth Ministry* (NFCYM) [Federación Nacional para el Ministerio Juvenil Católico] ofrecen conferencias en las cuales encontrarás oportunidades de aumentar tu nivel de profesionalismo a través de redes de contactos, mejores prácticas y recursos publicados. Si no eres miembro, considera la posibilidad de formar parte de una de estas organizaciones e invita a tus catequistas a hacer lo mismo.

Recursos adicionales

En español

Colaboradores en la viña del Señor: Un recurso para guiar el desarrollo del ministerio eclesial laico (Washington, DC: Conferencia de Obispos Católicos de los Estados Unidos, 2005).

Liderazgo: Lo que todo líder necesita saber. John C. Maxwell (Tennessee: Grupo Nelson, 2016).

Liderazgo ético y ejemplaridad pública. Ángel Castiñeira Fernández, Camino Cañón Loyes y Francesc Torralba Roselló (Lleida, España: Editorial Milenio, 2016).

En inglés

National Certification Standards for Lay Ecclesial Ministers [Estándares de certificación nacional para ministros eclesiales laicos]. (Alliance for the Certification of Lay Ecclesial Ministers [Alianza para la Certificación de Ministros Eclesiales Laicos] 2011).

Sharing Wisdom: A Process for Group Decision Making [Compartir sabiduría: un proceso para la toma de decisiones en grupo]. Mary Benet McKinney, OSB (Merrimack, NH: Thomas More Press, 1987).

Collaboration: Uniting Our Gifts in Ministry [Colaboración: uniendo nuestros dones en el ministerio]. Loughlan Sofield, ST y Carroll Juliano, SHCJ (Notre Dame, IN: Ave Maria Press, 2000).

The Promise of Partnership [La promesa del compañerismo]. Evelyn Eaton Whitehead y James D. Whitehead (Lincoln, NE: iUniverse, 2000).

5

Si se necesita de todo un pueblo, será mejor crear uno: el liderazgo y la promoción de *communio*

Un encuentro con la vida interior de la Santísima Trinidad

¡No, el título de este capítulo no tiene un error de ortografía! Escribí *communio*, no *comunión*, a propósito. *Communio* es un concepto que va mucho más allá de una experiencia de unidad. *Communio* es lo que buscamos y encontramos en la vida interior de Dios: Padre, Hijo y Espíritu Santo: una intimidad tan profunda que las tres Personas de la Santísima Trinidad son una. El teólogo Henri de Lubac señaló que "el misterio de la Santísima Trinidad ha abierto para nosotros una perspectiva totalmente nueva: el fundamento del ser es *communio*" [v.d.t.] (*La Foi Chrétienne* [La fe cristiana], Aubier, 1970, 14). Como personas creadas a imagen y semejanza de Dios (un Dios Trino), somos llamados a la *communio*.

En la *communio*, verdadera y misteriosamente nos convertimos en un organismo, una entidad, un Cuerpo en Cristo, y todas las partes del cuerpo funcionan en conjunto para construir el Reino. No somos ni conservadores ni liberales, sino más bien *communio*. Como líderes catequéticos encargados de crear *communio*, nuestra tarea es reconocer la unión interna del Pueblo de Dios y encarnar esa unión externamente en el modo en que vivimos como Iglesia.

Dedica un momento a reflexionar sobre las siguientes palabras del Papa Benedicto XVI, quien, como Prefecto para la Congregación de la Doctrina de la Fe, explicó que la clave para entender la *communio* es María, la Madre de Jesús.

> La Iglesia no es un aparato ni una institución social; tampoco una institución social entre muchas otras. Es una persona. Es una mujer. Es una Madre. Está viva. Una comprensión mariana de la Iglesia es la más decidida contraposición al concepto de la Iglesia como burocracia o una simple organización. No podemos hacer la Iglesia, debemos ser la Iglesia. Somos la Iglesia y la Iglesia está en nosotros solo en la medida en que nuestra fe, más que nuestras acciones, forja nuestro ser. Solo siendo marianos llegamos a ser Iglesia. En su origen, la Iglesia no fue hecha, sino engendrada. Existió en el alma de María desde el momento en que ella pronunció su *fiat*. Esta es la más profunda voluntad del Concilio: la Iglesia debe suscitarse en nuestras almas. María nos muestra el camino [v.d.t.]. ("Ecclesiology of Vatican II" [Eclesiología del Vaticano II], *L'Osservatore Romano*, 23 de enero de 2002)

Communio: ¡es más fácil decirla que hacerla, por supuesto! En *Pensées*, el filósofo francés Blaise Pascal señaló que "una pluralidad que no se reduce a unidad es confusión; la unidad que no depende de la pluralidad es tiranía" [v.d.t.] (citado en *The Office of Peter and the Structure of the Church* [El ministerio de Pedro y la estructura de la Iglesia], de Hans Urs von Balthasar [Ignatius Press, 1974], 21). Afortunadamente para nosotros, el concepto de *communio*, una pluralidad profundamente integrada, está "ilustrada" en la vida de la Iglesia de los primeros siglos, como se describe en los Hechos de los Apóstoles.

La comunidad cristiana

Desde la Iglesia de los primeros siglos, grupos de creyentes se han unido para celebrar la Eucaristía. En los Hechos de los Apóstoles, se nos dice que los primeros cristianos "se reunían frecuentemente para escuchar la enseñanza de los apóstoles, y participar en la vida común, en la fracción del pan y en las oraciones" (Hechos 2:42). Al hacerlo, se convirtieron en una entidad nueva, un cuerpo de creyentes que tenían algo en común y estaban unidos por un propósito específico. En otras palabras, vivían en *communio*. Los primeros seguidores de Jesús creían y compartían la convicción común de que Cristo estaba presente y que tenían el privilegio de participar en los sagrados misterios. Jesús mismo hablaba de esta idea de comunidad al referirse a sí mismo como la vid y a sus seguidores como los sarmientos (Juan 15:5). Además, san Pablo hablaba del Cuerpo Místico de Cristo como un cuerpo con muchos miembros, unidos en Cristo (ver 1 Corintios 12).

Basándonos en estos antiguos ejemplos y reflexiones, podemos decir que una comunidad se forma cuando las personas:

- se reúnen;
- comparten un interés común;
- tienen comunicación;
- comparten ciertas aspiraciones y
- comparten determinadas normas de comportamiento.

En su libro *Fashion Me a People* [Fabrícame un pueblo], Maria Harris describe la esencia de una comunidad como un profundo sueño de anhelos y una idea inevitablemente religiosa. "En el fondo del corazón humano, existe un anhelo de un tiempo sagrado en el que 'todos serán uno', un sueño de un nuevo cielo y una nueva tierra donde ya no existirá la muerte, ni habrá ya más duelo ni llanto ni dolor" [v.d.t.] (76), escribe Harris.

Promover *communio* no es tarea fácil; sin embargo, es un aspecto vital del ministerio catequético que impacta la manera en que se lleva a cabo la formación en la fe en la vida de la parroquia. No existe programa catequético que se planifique, viva o celebre en un vacío. Recuerda que, como líder catequético, eres llamado a liderar como lo hizo Jesús y a ejercer el ministerio en pos de las personas de tu parroquia. ¿Es complicado? ¡Por supuesto que sí! Estás relacionándote con personas (con sus alegrías, penas y sufrimientos), pero lo haces por amor. Por lo tanto, es muy importante que, como líder catequético, capacites, nutras y empoderes a las personas de tu parroquia para crear un ambiente positivo que promueva el discipulado y fomente un sentido de *communio* que sea acogedor, cálido e inclusivo para todos.

Cuando una comunidad de personas es liderada de manera eficaz, puede existir un ambiente solidario no solo para la formación en la fe, sino también para la transformación de los corazones. En verdad, el objetivo o interés común de la evangelización de grupos de personas es la comunión entre ellas y a su vez de todas ellas en Cristo. En el Evangelio de Juan, Jesús enseña que el amor y la unidad son marcas distintivas de la fe cristiana: "En eso conocerán todos que son mis discípulos, en el amor que se tengan unos a otros" (Juan 13:35). Destacando ese amor entre unos y otros en Cristo, san Juan Pablo II dijo que "el fin definitivo de la catequesis es poner a uno no solo en contacto, sino en comunión, en intimidad con Jesucristo" (*Catechesi Tradendae*, #5).

Desafíos para crear *communio*

En su discurso presidencial de 2002, "*The Life of the Church as* Communio" [La vida de la Iglesia como *communio*], el Obispo Wilton Gregory, quien era entonces presidente de la USCCB, llamó a la Iglesia a adoptar nuevamente la noción de *communio*. Al hacerlo, identificó tres desafíos que necesitamos superar si en verdad pretendemos lograr el sentido de *communio* que manifestó la Iglesia de los primeros siglos.

- El primer desafío, según el Obispo Gregory, es la capacidad de "ver el misterio de Dios como la Santísima Trinidad. . . que habita en nosotros" [v.d.t.]. Cada uno de nosotros es llamado a reconocer lo divino que habita en nuestro interior y, como líderes catequéticos, somos llamados a ayudar a que los demás reconozcan lo divino que habita en su interior.
- El segundo desafío es que cada uno de nosotros reconozca que "nuestros hermanos y hermanas en la fe son parte de nosotros mismos" [v.d.t.]. Somos un Cuerpo de Cristo, una "integración orgánica de las legítimas diversidades" (san Juan Pablo II, *Novo Millennio Ineunte*, 46).
- El tercer desafío es "trascender el reconocimiento de la comunión que tenemos con Dios y con el otro, y vivirla" [v.d.t.], vivir con un amor completamente altruista.

Según el Obispo Gregory, la *communio* que la Iglesia de los primeros siglos experimentó en Pentecostés no solo fue nuestro comienzo, sino que también es nuestro destino. Promover la *communio* como Jesús la experimentó con sus discípulos es parte integral de la misión de la Iglesia; primero, se rodeó de ellos y pudo entonces enseñarles cómo seguir construyendo el Reino de Dios al establecer una comunidad de creyentes.

Como líderes catequéticos, siempre debemos ser conscientes de que todos los fieles son parte necesaria y esencial de la construcción del Cuerpo de Cristo como totalidad. En 2010, un grupo de artistas latinoamericanos presentó una canción llamada "Somos el mundo", en beneficio de las víctimas del terremoto en Haití el mismo año. La letra dice cosas como: "Hay que buscar unir el mundo de una vez / somos amor, somos el mundo / somos la luz que alumbra con ardor lo más oscuro". ¿No es eso lo que Dios nos está llamando a hacer? ¿A estar en comunión con él a través de su Hijo, Jesucristo, y, al hacerlo, a ser una comunidad de creyentes transformada?

Formar a las personas en una comunidad es tarea no solo del líder catequético sino de cada miembro de la comunidad de fe: desde el director del coro hasta el voluntario en el ministerio del comedor comunitario. Todos los miembros bautizados tienen la responsabilidad de dar testimonio creíble y formar discípulos para Cristo. El *Directorio General para la Catequesis* indica: "La catequesis es una responsabilidad de toda la comunidad cristiana. . . [y] 'no deben procurarla solamente los catequistas o los sacerdotes, sino toda la comunidad de los fieles'" (#220). Luego dice que "la comunidad cristiana es el origen, lugar y meta de la catequesis. De la comunidad cristiana nace siempre el anuncio del Evangelio, invitando a los hombres y mujeres a convertirse y a seguir a Jesucristo" (#254). Dentro de esta comunidad hay muchas personas que participan en la tarea de formar discípulos: padres de familia, padrinos, maestros y directores de escuelas católicas, líderes catequéticos, catequistas, ministros de la juventud, ministros de campus, asociados pastorales y otros ministros eclesiales laicos, mujeres y hombres en la vida consagrada, diáconos, sacerdotes, personal diocesano, obispos, y por último (y no por eso menos importante), todos los bautizados.

En 2015, la revista *U.S. Catholic* publicó una entrevista al padre Jack Wall, presidente de *Catholic Extension*, una organización nacional de beneficencia que brinda apoyo a diócesis rurales de bajos recursos. Le preguntaron cómo las contribuciones del grupo propiciaban la transformación de comunidades (muchas de ellas sin sacerdotes) y en qué se diferenciaban las diócesis de misión de las áreas donde las instituciones de la Iglesia son fuertes. El padre Wall respondió: "Las comunidades católicas de las diócesis de misión tienen un sentido de responsabilidad para con la Iglesia. En estas diócesis existe el sentimiento de decir 'estamos aquí para hacer la obra de Dios'. . . [y los miembros de la comunidad] hacen propio este sentido de responsabilidad" [v.d.t.].

¿No sería genial que todas las personas en nuestras parroquias se involucraran activamente en su fe y asumieran la responsabilidad de la misión de la Iglesia? ¡Imagina a todas las personas que asisten a los servicios de Miércoles de Ceniza y luego imagina que puedes chasquear los dedos y hacer que cada una de ellas asuma la responsabilidad de la misión de la parroquia! Sin embargo, en este emprendimiento no hay una fórmula mágica. La tarea comienza con la articulación de las expectativas para los fieles, quienes, en virtud de su bautismo, no se han convertido en miembros de un club sino en socios de una "compañía"; no en el sentido corporativo de la palabra, sino en el sentido que describía san Ignacio cuando se refería a sí mismo y a sus seguidores como "la compañía de Jesús". Para Ignacio, un exsoldado, la palabra "compañía" significaba que los miembros del grupo tenían tanto privilegios como deberes. Para un líder catequético, una de las claves para crear y promover un sentido de *communio* entre los fieles es depositar altas expectativas en aquellos a quienes sirve.

La espiritualidad de la *communio*

En su carta apostólica *Novo Millennio Ineunte*, san Juan Pablo II presentó el concepto de "espiritualidad de la comunión" como base de la planificación pastoral y de la creación de comunidades católicas en la Iglesia. En ella escribe que "antes de programar iniciativas concretas, hace falta *promover una espiritualidad de la comunión*, proponiéndola como principio educativo en todos los lugares donde se forma el hombre y el cristiano" (#43).

Para promover esta espiritualidad, debemos:

- buscar la conversión y la transformación espiritual de cada creyente;
- ser receptivos a la orientación del Espíritu Santo;
- cultivar la capacidad de ver lo positivo en los demás;

- comprometernos a crear espacios para los demás y
- resistir activamente las tentaciones egoístas, los celos, la competencia, el arribismo, la desconfianza y la división.

Solo cuando hagamos todo esto seremos, como líderes catequéticos, ejemplos de la espiritualidad de la comunión a la que nos llama san Juan Pablo II.

Pero san Juan Pablo II va aún más allá cuando dice que "de poco servirían los instrumentos externos de la comunión. Se convertirían en medios sin alma, máscaras de comunión más que sus modos de expresión y crecimiento" (#43). Transformar una "máscara" de comunión en una comunión real requiere tiempo y voluntad. Antes de comunicarte con la comunidad de tu parroquia e invitarla a formar parte de tu ministerio catequético, habla con tu párroco para saber qué oportunidades espirituales se ofrecen actualmente y qué tipo de oportunidades podrían necesitarse. De ese modo podrás asignar tus recursos y energías de manera más eficaz y apropiada, teniendo en cuenta que la tarea de transformar una comunidad no es solo tuya.

Diversas manifestaciones de comunidad

La comunidad asume diversas formas. Como líder catequético, se te pedirá que te identifiques con muchas de ellas. Veamos algunos de los ejemplos más comunes.

La familia

Tenía catorce años cuando mi padre murió de cáncer. Soy el mayor de cuatro hermanos y mi madre era muy joven cuando quedó viuda. Aquellos fueron años difíciles para mí como primogénito hispano sin una figura masculina a quien admirar. En la comunidad hispana, existe una jerarquía generacional de características y responsabilidades. Se espera que, ante la ausencia de la figura paterna, el primogénito sea quien asuma el mayor poder y la autoridad en la toma de decisiones, así como la responsabilidad de ocuparse del bienestar de la familia. Yo era un adolescente que había heredado un gran peso. Pero cuando las cosas se pusieron muy difíciles, mi familia, mis amigos y mi comunidad parroquial estuvieron a mi lado. Le estoy agradecido a cada uno de ellos porque sé que sin su tiempo, amor, afecto y apoyo, probablemente no hubiera podido salir adelante.

Crecí en la frontera entre El Paso y Ciudad Juárez. Todos los domingos por la tarde durante mi adolescencia, mi madre nos llevaba a mis hermanos y a mí a pasar tiempo con mis abuelos. En ese entonces todos mis tíos vivían en el mismo pueblo, por lo que hacían el esfuerzo de estar allí también cada domingo por la tarde. Para las dos de la tarde la casa estaba llena de parientes y de vez en cuando incluía a amigos a quienes considerábamos parte de la familia. Puedes imaginarte todas las conversaciones que se daban —conversaciones sobre luchas, alegrías y logros— y todas las risas que colmaban la casa. Todos comían a la mesa y la comida siempre era abundante. ¡Era, en verdad, una celebración semanal de Acción de Gracias para nosotros! Había todo tipo de conversaciones, opiniones y desacuerdos, pero toda interacción se daba con *respeto*.

En la comunidad hispana el respeto es altamente valorado en la interacción con los demás; especialmente si se trata de personas mayores. Me enseñaron a dirigirme a mis mayores de una manera formal, usando apelativos de respeto como *Señor, Señora* y saludos apropiados como *Buenos días* o *Buenas tardes*. Las reuniones y diálogos grupales entre familiares se convirtieron en una terapia de sanación para mí. Encontré consuelo al compartir saludos, alimentos y anécdotas. Como dije antes, todos tenían una opinión sobre todo y algunos solían ser más tercos que otros, pero me sentía en familia; todos sentíamos mutua confianza y amor. A veces, como en cualquier familia, algunas de las conversaciones subían de tono y se convertían en peleas, pero cuando mi abuelo hablaba, todos guardaban silencio y escuchaban. Eso no significaba que todos estuvieran de acuerdo con su opinión; pero el valor del respeto a los mayores era tan alto que nadie estaba dispuesto a quebrantarlo o transgredirlo.

Hoy en día, la vida familiar es más compleja y nuestra idea de familia está cambiando rápidamente. Sin embargo, la familia todavía sigue siendo la forma más básica de comunidad. Como líder catequético, una de las cosas más poderosas que puedes hacer es fortalecer y fomentar las familias de modo que puedan experimentar *communio* en el hogar, la iglesia doméstica. Nuestras parroquias y en particular nuestros programas de formación en la fe, necesitan ser más propicios para la familia, si es que albergamos la esperanza de promover un espíritu de *communio*.

La comunidad escolar

Antes de la muerte de mi padre vivimos en Portland, Oregón, por un tiempo. Cuando nos mudamos allí todo era nuevo para nosotros. Y con "todo" quiero decir "todo": costumbres, idioma, cultura, amigos, casa, estilo de vida, lo que se te ocurra. Sin embargo, mis maestros y compañeros de la escuela media Hosford fueron hospitalarios. Si bien yo era un perfecto extraño, el personal de la escuela y mis nuevos amigos hicieron que me sintiera como en casa. Esta bella comunidad escolar valoraba la amistad, la sinceridad y la apertura para aprender los unos de los otros, y estos valores la hacían especial. Mis maestros y amigos conocían mis limitaciones y aun así me valoraban por quien yo era. Nunca me cuestionaron ni desafiaron, sino más bien me aceptaron y reconocieron como uno más.

Pienso que este es el tipo de *encuentro* del que a menudo habla el Papa Francisco. Es lo que yo llamo el ministerio de presencia. No importa cuál sea nuestra raza, grupo étnico, clase socioeconómica o preferencia: todos somos hijos de Dios, amados por él. La Regla de

Oro dice que debemos tratar a los demás como queremos que ellos nos traten (Lucas 6:31). La vida en comunidad puede fortalecerse cuando tratamos a los demás con respeto y amabilidad. Ya sea mediante tu escuela parroquial, tu programa de formación en la fe o ambos, tienes una oportunidad de influenciar hasta dónde se promueve un sentido de *communio*.

La comunidad parroquial

A medida que nos acostumbrábamos a la vida en Portland, la iglesia se convirtió en nuestro segundo hogar. La belleza de nuestra fe católica es que no importa lo lejos que estemos de casa: las creencias, oraciones, prácticas, rituales y liturgias comunes están siempre disponibles para ayudarnos a reafirmar nuestra identidad como cristianos. No recuerdo exactamente cuándo la iglesia de San Patricio y el santuario nacional *The Grotto* se convirtieron en nuestros lugares de adoración, pero fueron, sin ninguna duda, santuarios para mi familia. Recuerdo cuando asistía a la misa en español en la parroquia de San Patricio un domingo por la mañana. Los ujieres nos saludaron desde un principio, no bien se percataron de que éramos nuevos miembros de la comunidad, e hicieron todo lo posible para hacernos sentir en casa. Las personas de otros ministerios también nos dieron una cálida bienvenida. Cuando se enteraron de que mi padre estaba enfermo, le ofrecieron ayuda a mi madre con distintas tareas diarias, como acompañar a mi padre a sus citas médicas. Con seguridad, los miembros de esta parroquia estaban practicando su llamado bautismal; le prestaban toda su atención a cuanta persona entraba por la puerta.

¿Qué dones y recursos ofrecidos por estas dos comunidades a mi familia tuvieron un impacto? Estos son solo algunos:

- una actitud acogedora
- hospitalidad
- apertura
- servicios sociales
- música
- respeto

- aceptación
- misa en español
- participación de la juventud
- un párroco solidario

Estos elementos hacían de la parroquia de San Patricio y de *The Grotto* comunidades florecientes, porque les permitían a los feligreses comunicarse y conectarse intencionalmente: persona a persona y familia a familia.

Nuestras comunidades parroquiales están cambiando

Hace algunos años se emprendió un proyecto conocido como Modelos Emergentes de Liderazgo Parroquial. El proyecto tenía la intención de examinar áreas de excelencia pastoral, promover modelos de liderazgo pastoral y a la vez identificar los desafíos actuales de la vida parroquial y elaborar una visión sobre cómo responder con eficacia. En un libro de la serie que surgió de este proyecto, *Shaping Catholic Parishes* [Formando parroquias católicas] (Carole Ganim, ed., Loyola Press, 2008), algunos sacerdotes, diáconos y ministros laicos comparten sus experiencias como líderes pastorales en cinco tipos de situaciones: de bienvenida, de colaboración, éticas, pastorales y proféticas. Al final del libro, la hermana Donna Markham, O.P., PhD, ofrece una reflexión desde el punto de vista de un psicólogo. Expresa que las comunidades, grandes y pequeñas, reaccionan positiva o negativamente a las patologías, o debilidades, de sus líderes. Concluye planteando tres preguntas esenciales para considerar al intentar promover la *communio*.

1. ¿De quién es la parroquia?
2. ¿Quién tiene autoridad para tomar decisiones?
3. ¿Cómo se resolverán los conflictos?

Exploraremos cada una de estas tres preguntas en los siguientes capítulos.

Resumen: Llevar las cargas mutuamente

"Ayúdense mutuamente a llevar las cargas y así cumplirán la ley de Cristo". (Gál 6:2)

Es importante recordar que de ningún modo la parroquia puede tomarse como una "gasolinera", es decir, el sitio al que las personas van a cargar combustible. Una gasolinera es una experiencia individualista de autoservicio. Nuestra parroquia, y en particular el programa de formación en la fe, debe ser un lugar donde se producen verdaderos encuentros y donde se forjan relaciones. San Pablo insta a los seguidores de Cristo a "llevar las cargas mutuamente": a no vivir para uno mismo, sino a vivir para los demás y para el bien común. Esta concepción se ubica en el centro de lo que significa tener espíritu de *communio*: participar de la unidad que se encuentra en la vida de la Santísima Trinidad, tres Personas en una relación tan íntima que son una. Cada comunidad de fe debe tener un sentido de apertura y de afecto por las personas en todas las etapas de su camino de fe. No hay individuo o grupo que pueda hacerlo solo: se necesita de todo un pueblo para criar a un hijo, y se necesita de toda una parroquia para hacer discípulos.

Para reflexionar y conversar

- Como líder catequético parroquial, ¿qué valores traigo a mi parroquia?
- ¿Cómo doy vida a la comunidad de la parroquia y promuevo un sentido de *communio*?

Madurar como líder catequético

Crear una comunidad requiere la contribución de cada uno de los miembros bautizados de una parroquia. Como ya lo hemos dicho, formar discípulos es responsabilidad de toda la comunidad. Comienza por evaluar las fortalezas de tu comunidad parroquial. Haz una lista y compártela con el resto de los miembros de la parroquia. Luego, toma nota de las áreas de la vida parroquial que se podrían mejorar.

El líder catequético eficaz

CONFERENCIA NACIONAL LIDERAZGO CATEQUÉTICO

LOYOLAPRESS.

La experiencia de *communio*

¡No, este título no tiene un error de ortografía! La palabra deseada es *communio*, no *comunión*. *Communio* es un concepto que va mucho más allá de una experiencia de unidad. *Communio* es lo que buscamos y encontramos en la vida interior de Dios Padre, Hijo y Espíritu Santo: una intimidad tan profunda que las tres Personas de la Trinidad son una.

En *communio*, nos convertimos real y misteriosamente en un organismo, una entidad, un cuerpo en Cristo. Como líder catequético a quien se le ha confiado la creación de *communio*, tu tarea es reconocer la unión interna del Pueblo de Dios y encarnar esa unión externamente en el modo en que vivimos como Iglesia. Dedica un momento a reflexionar acerca de las siguientes palabras del Papa Benedicto XVI, quien, como Prefecto de la Congregación para la Doctrina de la Fe, explicó que la clave para entender la *communio* es María, la Madre de Jesús.

> *La Iglesia no es un aparato, ni una institución social, tampoco una institución social entre muchas otras. Es una persona. Es una mujer. Es una Madre. Está viva. Una comprensión mariana de la Iglesia es la más decidida contraposición al concepto de la Iglesia como burocracia o una simple organización. No podemos hacer la Iglesia, debemos ser la Iglesia. Somos la Iglesia y la Iglesia está en nosotros solo en la medida en que nuestra fe, más que nuestras acciones, forja nuestro ser. Solo siendo marianos llegamos a ser Iglesia. En su origen, la Iglesia no fue hecha, sino engendrada. Existió en el alma de María desde el momento en que ella pronunció su fiat. Esta es la más profunda voluntad del Concilio: la Iglesia debe suscitarse en nuestras almas. María nos muestra el camino.* [v.d.t.]
>
> ("Ecclesiology of Vatican II" [Eclesiología del Vaticano II], L'Osservatore Romano, 23 de enero de 2002)

¿Qué implicaciones tiene esta concepción de *communio* para tu ministerio como líder catequético?

Liderazgo catequético: cómo deber ser, cómo debe organizarse y a quién debe servir — **Capítulo 5**

Visita www.loyolapress.com/lce para acceder a la hoja de ejercicios.

Acción sugerida

Habla con el consejo pastoral de tu parroquia y busca maneras de que los líderes de los distintos ministerios compartan ideas sobre cómo formar discípulos y promover un sentido de *communio*.

Recursos adicionales

En español

Directorio General para la Catequesis. (Washington, DC: Conferencia de Obispos Católicos de los Estados Unidos, 1998).

Novo Millennio Ineunte. Papa Juan Pablo II (Roma: Librería Editrice Vaticana, 2001).

Facilitar relaciones grupales y resolver los conflictos. Ricard Marí Mollá (Madrid: Editorial CCS, 2017).

Una nueva visión de las relaciones humanas. Edmond Marc y Dominique Picard (Bilbao: Ediciones Mensajero, Grupo de Comunicación Loyola, 2008).

En inglés

"Building Dynamic Faith Communities in Surprising Places: An Interview with Father Jack Wall, the President of Catholic Extension" [Construyendo comunidades de fe en lugares sorprendentes: entrevista con el padre Jack Wall, presidente de Catholic Extension], *U.S. Catholic*, julio de 2015, www.uscatholic.org/articles/201507/

Shaping Catholic Parishes: Pastoral Leaders in the 21st Century. [Formando parroquias católicas: líderes pastorales en el siglo XXI] Carole Ganim, ed., Emerging Models of Pastoral Leadership [Modelos emergentes de liderazgo pastoral] (Chicago: Loyola Press, 2008).

Fashion Me a People. [Fabrícame un pueblo] Maria Harris (Louisville, KY: Westminster John Knox Press, 1989).

6

No dejes que nadie te ignore: el liderazgo y la autoridad legítima

¿Quién lo dice?

Si observas un tiempo determinado a los niños interactuando, enseguida serás testigo de un conflicto en el cual un niño desafía al otro:

> "¡Eh, esa es *mi* silla!".
> "Ah, ¿sí? ¿Quién lo dice?".
> "¡Yo lo digo!".

Etcétera.

Lo extraño es que nunca superamos realmente la costumbre de hacer la pregunta: "¿Quién lo dice?". Está en nuestra naturaleza cuestionar la autoridad. Cuando Jesús hablaba en público, era cuestionado por los escribas y los fariseos. "¿Con qué autoridad haces eso?", le preguntaban. "¿Quién te ha dado tal autoridad para hacerlo?" (Marcos 11:28). Esencialmente, a Jesús le preguntaban: "¿Quién lo dice?". Jesús, por supuesto, no daba lugar a dudas de que toda la autoridad proviene del Padre. Lo que asombraba a la gente, sin embargo, era que Jesús revelara que él y el Padre eran uno (Juan 10:30), lo cual significa que comparte la autoridad del Padre. De hecho, Jesús lo dejó muy claro cuando dijo "me han concedido plena autoridad en cielo y tierra" (Mateo 28:18). Para nuestros propósitos, necesitamos prestar mucha atención al modo en que Jesús entendía la autoridad y lo que hacía con ella.

Como dijimos, Jesús afirmaba que le había sido concedida toda la autoridad. Él, a su vez, confió esa autoridad a Pedro y a los apóstoles. "Pues yo te digo que tú eres Pedro y sobre esta piedra construiré mi Iglesia, y el imperio de la muerte no la vencerá. A ti te daré las llaves del reino de los cielos: lo que ates en la tierra quedará atado en el cielo; lo que desates en la tierra quedará desatado en el cielo" (Mateo 16:18–19).

Entonces, sigamos las "pruebas documentadas" de la autoridad.

- Toda autoridad proviene de Dios, el autor de la vida.
- El Padre le ha dado toda la autoridad a Jesús.
- Jesús le confió su autoridad a Pedro y a los apóstoles.
- Los obispos son los sucesores de los apóstoles.
- Los obispos le han confiado esa autoridad a los párrocos.
- El párroco, en nombre del obispo, te confía a ti una porción de esa autoridad.

Basta con decir que tú *sí* tienes un puesto de autoridad dentro de la Iglesia: una autoridad que tiene origen divino, confiada a cabezas, manos y corazones humanos. Entonces, cuando las personas cuestionen tu autoridad y pregunten "¿Quién lo dice?" como respuesta a una decisión que hayas tomado o a una política que estés promulgando, asegúrate de citar tus fuentes de autoridad: ¡el párroco, el obispo, Pedro y los apóstoles, Jesús, y el mismísimo Padre! No eres dueño de esta autoridad, pero tienes una parte de ella, debes ejercitarla adecuadamente y eres responsable de ella.

Autoridad y la capacidad para influir en los demás

Cuando estaba en cuarto grado, tenía un compañero llamado Gustavo, pero todos lo conocían como "Tavo". Tavo era el muchacho más alto y grande del salón, e intimidaba por su tamaño. Sin embargo, no era un bravucón. Tavo era un amigo fiel y defendía a cualquier niño que fuera acosado. En realidad, trataba de mantener a todos en paz. Era uno de los niños más agradables que jamás podría haber conocido y demostraba un sentido claro de la autoridad. Por esa razón, mi primera percepción de la autoridad estuvo vinculada a la fuerza física y al poder que se usaba para influir en los demás. Si bien Tavo ejercía bien su autoridad, pronto entendí que la autoridad basada en la fuerza física podría llevar fácilmente al abuso de poder y a la subordinación de los demás si no se ejercía al servicio de los otros de un modo positivo.

Al final, aprendí que tener poder significa tener la capacidad de influir en los demás de manera positiva *o* negativa. Si bien a menudo se interpreta como algo negativo, el poder en sí mismo es simplemente una capacidad para actuar. Algunos pueden ver el poder como malvado y corrupto, pero, en realidad, el poder puede influir en las decisiones que se toman para realizar buenas acciones. Los cristianos no deben temerle a la palabra *poder,* ya que Jesús utilizaba la palabra griega *dunamis* (que significa "poder") para describir la esencia del Espíritu Santo: "Yo les enviaré lo que el Padre prometió. Por eso quédense en la ciudad hasta que sean revestidos con la fuerza que viene desde el cielo" (Lucas 24:49). En este sentido, el poder de influir puede entenderse como la capacidad de inspirar y motivar a los demás a perseguir un determinado objetivo.

Para muchos de nosotros, el primer ejemplo que tenemos de este poder y de esta autoridad son nuestros padres. En mi caso, mi padre no se enfocaba tanto en el cumplimiento de las reglas, sino que, más bien, tenía muchas de las cualidades de una persona en quien predomina el hemisferio derecho del cerebro: era cálido, muy sociable y tenía un gran carisma, lo que naturalmente atraía a los demás. Mi madre, por otro lado, era una persona que razonaba desde el hemisferio izquierdo: se basaba en la lógica, la disciplina y la razón. Ciertamente, heredé características personales de ambos e imito esas características de manera inconsciente. No me inculcaron su poder de influencia por la fuerza; solo se arraigó en mí de forma natural. Su sentido del humor y curiosidad intelectual, así como la habilidad de mi padre de socializar con todo mundo, me hacen la persona que soy. Sus buenos ejemplos, tanto de palabra como de obra, tuvieron poder de influencia en mi forma de tomar decisiones, en mis puntos de vista sobre la vida y en mis valores.

Más allá de mis padres había una comunidad de personas, entre ellas catequistas, maestros y otros mayores que tuvieron una influencia positiva en mí como ejemplos, especialmente en lo que respecta al ejercicio de la autoridad. Uno de mis maestros, el señor Rubén, me enseñó el valor de la amistad y la honestidad e insistía en que todos eran capaces de obtener buenas notas. No recuerdo que nadie en su clase se sintiera mal o triste. El señor Rubén realmente inspiraba a sus estudiantes a tener un mejor desempeño, y su autoridad nunca se cuestionaba: no por su fuerza física, sino por su carácter moral y su virtud innatos. No todos, sin embargo, son capaces de irradiar este sentido natural de autoridad. Consideremos las razones.

¿Cómo funciona el poder?

Como mencioné anteriormente, el poder es la capacidad y habilidad de hacer que las cosas sucedan. En su artículo "*Are There No Limits to Authority?*" [¿No hay límites para la autoridad?] David Knights y Darren McCabe explican que "es erróneo preguntar quién tiene el poder. En cambio, es necesario explorar la manera en que se ejerce el poder" [v.d.t.] (*Organization Studies* [Estudios Organizacionales], 22 de marzo de 1999). Las personas en funciones de liderazgo son capaces de influir en la conducta de los demás para lograr determinadas metas u objetivos. Fíjate, por ejemplo, en el doctor Martin Luther King Jr., líder de los derechos civiles, y en David Koresh, líder de una secta. Ambos tenían la capacidad de influir y cambiar el comportamiento de sus seguidores. Sin embargo, el primero lo hizo de una manera positiva, mientras que el segundo lo hizo de un modo trágicamente negativo (llevó a la muerte a numerosas personas en el enfrentamiento de Waco, Texas, en 1993).

Poder, por lo tanto, es simplemente la habilidad de crear acción. Según los psicólogos sociales John R. P. French Jr. y Bertram Raven, existen cinco bases de poder:

- Legítima: la creencia de que una persona tiene el derecho formal de exigir y esperar que los demás obedezcan.
- De recompensa: la capacidad de recompensar a otra persona por el cumplimiento de algo.
- Experta: la posesión de conocimientos, habilidades o información que otros necesitan.
- Referencial: carisma, un atractivo percibido y la idea de ser dignos y tener derecho al respeto de los demás.
- Coercitiva: la creencia de que se puede castigar a los demás por no cumplir con algo [*Studies in Social Power* (Estudios en poder social). Dorwin Cartwright, ed. (Ann Arbor: University of Michigan Press, 1959), 155–165].

En el contexto del liderazgo, estas cinco bases de poder pueden reducirse a dos:

1. Poder personal o referencial: poseer las características de personalidad, los conocimientos, el carisma y la habilidad de persuasión necesarios para influir en los demás.

2. Poder legítimo u oficial: tener el derecho de influir en los demás de acuerdo con el puesto o la autoridad de los que uno dispone.

Como líder catequético, quizás cuentes con poder personal o referencial, lo que significa que puedes tener ciertas cualidades, habilidades, virtudes y características innatas que inspiran o influyen en los demás para que te sigan. Considéralo como carisma. En tu función como líder catequético, también se te ha dotado de "poder legítimo", que es el tipo de poder que implica un puesto de autoridad. La autoridad y el poder están interrelacionados: el poder es la habilidad de crear acción, mientras que la autoridad es la base sobre la cual se construye el poder. La clave para un liderazgo de servicio exitoso consiste en desarrollar la capacidad de usar una mezcla de poder referencial y poder legítimo, no para gloria u honor personal, sino para servir a los demás de un modo que influya en el comportamiento positivo para la construcción del Reino de Dios, y a la vez que respete y honre la integridad de la persona humana.

Poder legítimo

El tipo de poder más común que tiene un líder catequético se conoce como poder legítimo, o "poder de posición". Este tipo de poder proviene de tu posición de liderazgo dentro de las estructuras de la jerarquía de la Iglesia. Los voluntarios, catequistas y demás personas de la Iglesia te ven, con razón, como alguien con la autoridad necesaria para dirigir sus acciones. Por ejemplo, un grupo de catequistas puede acercarse a ti para decirte que, como ya se aproxima octubre (el mes del Santo Rosario), sería propicio reemplazar una de las clases planificadas por una oportunidad para rezar el Rosario como comunidad. Reconocen que tienes el poder legítimo para aprobar o rechazar su petición. Independientemente de tu decisión, entienden que deben obedecer.

Para cualquiera que lo tenga, sin embargo, existe el peligro del abuso de poder en pos del honor y la gloria personales, sin servir ni satisfacer las necesidades de los demás. Este comportamiento puede considerarse como "liderazgo de pedestal". En otras palabras, un líder con poder referencial o legítimo que no tiene intención de servir a los demás es más un comandante que un líder. Por otro lado, como explica Robert Greenleaf, los líderes serviciales son capaces de ejercer poder y autoridad con éxito porque viven de acuerdo con su conciencia: porque un cierto conjunto de valores (que incluye respeto, honestidad, amabilidad, confianza y sinceridad) guía el cumplimiento de su función. Cuando tanto un líder como un seguidor se comprometen con esos valores, es probable que se desarrolle una relación recíproca de respeto mutuo.

El poder de influencia también puede entenderse como poder de recompensa, el cual proviene de la capacidad de crear incentivos positivos o motivación extrínseca por medio de algún tipo de ascenso que no requiere poder de cargo. El poder coercitivo, por otro lado, es lo opuesto al poder de recompensa. Los líderes coercitivos castigan a sus seguidores por no cumplir con sus expectativas. Esto puede hacerse por medio de la manipulación psicológica, las descalificaciones pasivo-agresivas o incluso la fuerza física. Este tipo de liderazgo contrasta con el "poder persuasivo de Jesús, quien resulta convincente cuando a sus discípulos les dice simplemente: 'Síganme'" [v.d.t.] (Dan Ebener, *Modelos de liderazgo de servicio para tu parroquia*, 8).

Poder coercitivo

Hace algunos años di una presentación para un grupo de ministros pastorales. Al finalizar, se me acercó una pareja que me comentó que el líder voluntario de su movimiento eclesial laico estaba manipulando a las personas del movimiento para obtener beneficios y mejorar su propia reputación. Este carismático líder a menudo pedía grandes donaciones de dinero y obligaba a los miembros del equipo a seguir un conjunto de reglas y pautas rígidas y poco realistas. Si alguien lo desafiaba o estaba en desacuerdo con él, era como desobedecer a Dios. Este tipo de poder coercitivo infunde miedo, reprime la libre voluntad, manipula la conciencia y corroe el pensamiento crítico. ¿Cómo puede alguien ejercer un liderazgo cristiano y eludir las consecuencias de semejante conducta coercitiva? Por desgracia, sucede demasiado a menudo. Este ministerio en particular se había convertido en una secta, y sus actitudes y prácticas se habían extendido a una diócesis vecina. Por fortuna, la noticia llegó hasta los líderes diocesanos y la persona fue destituida de su cargo.

La lección de esta historia es que, como líderes catequéticos, necesitamos ser conscientes de este tipo de liderazgo y saber que puede concretarse en cualquiera de nuestros colegas: un superior, un compañero, un voluntario o incluso en nosotros mismos. Aunque pensemos que somos inmunes a esta tentación, Paulo Freire nos recuerda que "son raros los casos de campesinos que, al ser 'promovidos' a capataces, no se transformen en opresores, más rudos con sus antiguos compañeros que el mismo patrón" (Paulo Freire, *Pedagogía del oprimido*, 46).

Poder referencial

Cuando era muy joven tuve una pelea con mi hermano y recibí el castigo de tener que ir a una fiesta extraña con mi madre. Mientras recorríamos la corta distancia que había que recorrer desde nuestra casa, me imaginaba a niños rompiendo alegremente una piñata. En cambio, cuando entramos a la casa, vi a un grupo de madres: algunas hojeando catálogos, otras comiendo ensalada y otras de pie alrededor de una gran mesa donde había una exhibición de envases plásticos de todos los tamaños y colores. Tal vez ya hayas adivinado a qué tipo de fiesta castigo me había llevado mi madre: a una reunión de Tupperware. Nuestra vecina se había convertido en vendedora y resultó muy buena vendiendo. Al cabo de una semana, mi madre tenía tres ensaladeras y al cabo de un mes, mi abuela materna reveló su propia colección de envases. En menos de dos meses, prácticamente toda la cuadra tenía productos Tupperware en sus hogares. Mi vecina influyó en las personas, no por el puesto que ocupaba, sino por inspirar a otras mujeres a creer que su producto era el mejor en el mercado y que no había nada igual.

Como líderes catequéticos, dada la autoridad y la posición que nos concede la Iglesia, a veces nos devaluamos a nosotros mismos ¡y olvidamos cómo influir en los demás para inspirarlos a seguir la increíble Buena Nueva de Jesucristo! No me malinterpretes: de ninguna manera estoy comparando a Jesucristo con un producto. Sin embargo, como líder en el ministerio debes confiar en la inspiración, las tácticas y las estrategias, como lo hizo la vendedora de Tupperware. Estás leyendo este libro porque tienes poder de posición que viene con tu función en el ministerio. Pero, ¿y si no tuvieras una función de posición, ningún poder legítimo otorgado por la autoridad? ¿Qué tipo de liderazgo emplearías para atraer a las personas a Cristo?

El poder referencial se basa en el carisma y las habilidades interpersonales o las capacidades del líder, incluido el arte de la persuasión. Puesto que proviene del interior, tiene una cualidad auténtica y, por lo tanto, inspira lealtad, confianza y respeto entre los seguidores. Si un líder dirige con el ejemplo (liderazgo de servicio) y empodera al seguidor para que tome la iniciativa, entonces el seguidor se siente inspirado y es probable que tome la iniciativa con pasión y creatividad y, a su vez, difunda esa pasión entre los demás. Existen ciertos líderes cuyo carisma es tan especial que podríamos considerarlo un don especial de Dios. Los líderes carismáticos pueden ser muy encantadores y atrayentes porque tienen un don especial para articular una visión para el futuro: cuentan con la retórica necesaria para influir en quienes los escuchan y, a menudo, disponen de la solución para la crisis. Los líderes carismáticos que saben cómo empoderar a otros para servir a los demás, en lugar de satisfacer sus propios intereses, recorren el camino del liderazgo de servicio.

Como líder catequético, considera las siguientes estrategias para ejercer tu autoridad eficazmente:

- **Comunica tus intenciones, objetivos y deseos con claridad.** La autoridad es ineficaz cuando reina la ambigüedad.
- **Sé accesible.** La verdadera autoridad no necesita esconderse detrás de una cortina como lo hacía el Mago de Oz. Asegúrate de promover la comunicación y de que las personas sientan la confianza suficiente para acercarse a ti, sobre todo cuando necesiten ayuda.
- **Sé receptivo.** La autoridad aumenta cuando se actúa con rapidez, no impulsivamente, sino de inmediato, sobre todo cuando se responde a una consulta o un problema. Postergar las necesidades de las personas socava tu autoridad y causa problemas en el ámbito moral.
- **Fomenta el diálogo sobre los "fracasos".** La verdadera autoridad procura ayudar a las personas a crecer, y eso no sucederá si tienen miedo de cometer un error.
- **No huyas de las crisis.** Una crisis puede ser una oportunidad para crecer como líder y para fomentar seguridad y confianza en los seguidores. No huyas de las crisis; más bien, "corre hacia el fuego".
- **Evita alzar la voz.** La verdadera autoridad no grita ni vocifera, dos acciones que solo provocan pérdida de respeto. Concéntrate en el problema, no lo conviertas en algo personal, habla con voz serena pero firme y reúne toda la información antes de sacar una conclusión.
- **Prueba el liderazgo "lateral".** En lugar de utilizar el enfoque "ordenar y controlar" ("¡Síganme todos!"), considera un enfoque

"lateral". Este enfoque propicia la creación de coaliciones, la negociación, la consulta y las redes de contactos.

- **Establece relaciones.** La autoridad eficaz crea conexiones con las personas, forja alianzas y fomenta relaciones. Trabaja constantemente para aumentar tu esfera de influencia.
- **Eleva tu nivel de experiencia.** En cada oportunidad, trabaja para aumentar tu credibilidad, no para presumir sino para asegurarles a los demás que tienes experiencia en el área de formación en la fe.
- **Sé transparente.** Evita guardar secretos y retener información. Siempre procura compartir la información de manera amplia y apropiada.

Jesús enseñó con autoridad

En el Evangelio de Mateo, se nos dice que las personas estaban asombradas por el modo en que Jesús enseñaba y hablaba de las cosas del Reino de Dios. "Cuando Jesús terminó su discurso, la multitud estaba asombrada de su enseñanza; porque les enseñaba con autoridad, no como sus letrados" (Mateo 7:28–29). La enseñanza de Jesús sobre el Reino es radical y tan nueva que es convincente. Su autoridad legítima no está rodeada de normas y requisitos como lo está la de los escribas y fariseos. El método de enseñanza de los escribas consistía en citar diversas autoridades antes de presentar su propia interpretación como síntesis, pero Jesús narraba historias e iba directamente a la raíz de la cuestión con su propia interpretación. Jesús además pensaba más en las personas que en las reglas y normas. Este es el espíritu de liderazgo que somos llamados a traer al ministerio catequético.

Entonces, ¿cómo debemos liderar con autoridad sin volvernos autoritarios o comandantes abusivos? La respuesta está en la capacidad y en la medida en que nos amamos unos a otros como Jesús espera que nos amemos (Mateo 22:36–40). De hecho, el amor es "la medida máxima" [v.d.t.] (Ebener, *Modelos de liderazgo de servicio para tu parroquia*, 4) y el signo visible y concreto que las personas deberían ver en la vida y comunidad de nuestras parroquias. El amor en su esencia es libre y no es orgulloso; es amable y misericordioso, no exige ni se impone y no se glorifica a sí mismo.

La autoridad y el poder de Jesús fluían de su amor radical y de su compasión por los demás. Solo el amor es capaz de modificar y dar forma a determinados comportamientos y estilos de vida del seguidor. Jesús dio excelentes enseñanzas a sus discípulos sobre cómo ejercer su estilo de liderazgo y al mismo tiempo liderar con autoridad. "El que quiera ser el primero, que se haga el último y el servicial de todos" (Marcos 9:35). Les enseñó a construir el Reino de Dios utilizando las "herramientas" provistas en las Bienaventuranzas (Mateo 5:3–12). Jesús sirvió concentrándose en las necesidades de los demás y no en las propias. Vivió y demostró lo que practicaba y enseñaba incluso hasta la muerte (Lucas 23:34). El corazón de Jesús era un corazón servicial, y él manifestaba integridad y coherencia entre lo que enseñaba y lo que practicaba.

Las personas te ven a ti, el líder catequético, en un puesto de poder. Puede que no lo hayas pedido, pero ahí estás. Probablemente has notado que las personas siempre te buscan para pedir orientación. Habrá momentos en los que te sentirás abrumado y querrás estar solo y que no te molesten, o momentos en los que no te sentirás seguro de cómo orientar a las personas. Cualquiera que sea la situación, no te permitas caer en el desaliento. Más bien, acepta tu llamado. Recuerda que se te ha pedido guiar a las personas hacia Dios, no gobernarlas. Si necesitas una pausa, tómatela. No hay nada de malo en tomarte un tiempo para ti; incluso Jesús se retiraba a rezar en soledad para recobrar energías para el día siguiente (Marcos 1:35). Liderar a las personas es una tarea compleja y exige paciencia y una fuerte dosis de compasión, para los demás y para ti mismo.

Ya sea que estés iniciándote en tu función o que ya te encuentres liderando a otras personas, haz una pausa y revalúa tu estilo de liderazgo respondiendo las siguientes preguntas:

- ¿Qué puedo hacer para que mis catequistas u otras personas alcancen todo su potencial?
- ¿Cómo puedo reflejar mejor el amor de Cristo tratando a los demás con respeto y compasión?
- ¿Mi estilo de liderazgo demuestra preocupación por los intereses de los demás?
- ¿Mi estilo de liderazgo alienta a los demás en su llamado como discípulos de Cristo?
- ¿Mi estilo de liderazgo delega responsabilidades importantes con una actitud negativa o de modo abusivo?
- ¿Mi estilo de liderazgo pone énfasis en la importancia de retribuirle a la comunidad?

El poder, la autoridad y la influencia pueden resumirse mejor con el siguiente pasaje bíblico:

"Brille igualmente la luz de ustedes ante los hombres, de modo que cuando ellos vean sus buenas obras, glorifiquen al Padre de ustedes que está en el cielo" (Mateo 5:16).

Honra el pasado

En 2007 murió William Wirtz, quien por mucho tiempo fue dueño del equipo de hockey de los Blackhawks de Chicago. Durante muchos años, Wirtz dirigió al club con mano de hierro e implementó políticas poco populares entre muchos de los aficionados (por ejemplo, no transmitir en los canales de televisión locales los partidos que el equipo jugaba en su propio estadio). Tras su fallecimiento fue sustituido por su hijo, Rocky Wirtz, quien inmediatamente anunció que habría cambios en la manera en que se manejaba el equipo. Sin embargo, no traicionó el trabajo de su difunto padre para satisfacer a los sufridos aficionados. En cambio, honró a su padre y dijo que él había hecho lo que creyó que sería lo mejor para el equipo y los aficionados, pero también dijo que era hora de avanzar. Se implementaron cambios (entre ellos la transmisión de los partidos que el equipo jugaba en su estadio en los canales locales de televisión) pero sin quemar puentes con el pasado.

En tu función como líder catequético, ten en cuenta un error que muchos líderes cometen sin querer y que afecta negativamente su autoridad: expresar rechazo por las personas o cosas que te precedieron. Cuando un líder es nuevo en un puesto, no es raro que quiera causar una buena impresión proclamando nuevos planes y nuevos rumbos. Si bien no hay nada de malo en marcar un nuevo camino, a menudo se hace a costa de un modo de proceder o rumbo anterior que algunas personas pueden haber encontrado valioso y seguir apreciando. La mejor manera de proceder para consolidar tu autoridad es honrar lo que hubo antes de ti, destacar lo que ha brindado a las personas hasta el momento y explicar que es el momento de seguir construyendo sobre ese legado. No es necesario que los cambios se consideren como un repudio al pasado. Como líder catequético, puedes dañarte a ti mismo hablando mal de un predecesor o de su selección de libros de texto, formato, métodos, políticas o prácticas. Si lo haces, puedes alejar a muchas de las mismas personas con quienes necesitas contar en el futuro. Más bien, honra el pasado y fomenta un sentido de continuidad que comunique a las personas que te ves como parte de una tradición: *su* tradición.

Resumen: El poder del servicio

"Si uno me sirve, lo honrará el Padre". (Jn 12:26)

Como líderes catequéticos, nuestro poder auténtico se usa para servir al Señor y se sustenta en nuestra capacidad y nuestra manera de amar al prójimo como Jesús espera que cada uno de nosotros ame. Esta autoridad, concedida por la Iglesia, no debe ser abusiva ni convertirse en una dictadura o desatar el autoritarismo. Más bien, debería ejercerse con un espíritu de servicio que ayude a los demás a convertirse en testigos creíbles de las enseñanzas del Señor.

Para reflexionar y conversar

- ¿Cómo lideras a los demás? ¿Lideras exigiendo o invitando?
- Cuando se trata de liderazgo, ¿qué características del comportamiento puedes aprender de Jesús de Nazaret?

Madurar como líder catequético

El líder catequético eficaz

CONFERENCIA NACIONAL LIDERAZGO CATEQUÉTICO
LOYOLAPRESS.

¿De dónde fluye tu poder?

De acuerdo con los psicólogos sociales John French y Bertram Raven, existen cinco bases de poder (*Studies in Social Power* [Estudios sobre el poder social]. Dorwin Cartwright [Ann Arbor: University of Michigan Press, 1959]). Lee la descripción de cada una. Luego, anota las iniciales de alguien a quien conozcas que ocupe un puesto de liderazgo cuyo poder tienda a fluir desde esa base. Por último, comenta si sientes que cada forma de poder es apropiada para la función del líder catequético y menciona por qué.

Base de poder	Iniciales	¿Es apropiada para el liderazgo catequético?
Legítima: Creencia de que una persona tiene el derecho formal de exigir y esperar que los demás obedezcan en virtud de su "puesto" o posición		
De recompensa: Capacidad de compensar o recompensar a otra persona por cumplir o cooperar		
Experta: Disposición de conocimientos, habilidades o información que otros desean o necesitan		
Referencial: Carisma, un atractivo percibido y la idea de ser dignos y tener derecho al respeto de los demás		
Coercitiva: Creencia de que uno puede obligar a las personas a cumplir con algo y castigarlas por no cumplir		

Liderazgo catequético: cómo deber ser, cómo debe organizarse y a quién debe servir Capítulo 6

Trabajar con personas que tienen diferentes intereses puede resultar abrumador. Encontrar un camino para conducirlos hacia el Señor puede ser difícil. En la cultura mexicana es común este dicho: "a gritos y a sombrerazos". Esto significa que cuando las cosas se ponen difíciles, simplemente te arremangas la camisa y avanzas, literalmente, "a gritos y a sombrerazos" hasta lograr un objetivo. Nunca olvides que estás en tu ministerio para acompañar a las personas en las diferentes etapas de su vida, demostrándoles ternura y cariño, sin manipularlas o controlarlas.

Visita www.loyolapress.com/lce para acceder a la hoja de ejercicios.

Acción sugerida

Mientras te preparas para el día, ve al espejo más cercano. Párate frente a él unos momentos en silencio y pregúntate: "¿Mis expresiones faciales coinciden con mis palabras? Cuando no estoy hablando, ¿qué dice mi rostro o mi lenguaje no verbal a quienes me rodean? ¿Me gusta lo que veo? ¿Veo a Jesús en mí?".

Recursos adicionales

En español

Andrés: Visión y metodología. José H. Prado Flores (Guadalajara: Editorial Rema, 2000).

Liderazgo virtuoso. Alexandre Havard (Madrid: Ediciones Palabra, 2017).

En inglés

French and Raven's Five Forms of Power [Las cinco formas del poder de French y Raven]. www.mindtools.com/pages/article/newLDR_56.htm.

The Art and Science of Leadership [El arte y la ciencia del liderazgo]. Afsaneh Nahavandi (London: Pearson Education Ltd, 2014).

Just Ministry [Solo ministerio]. Richard Gula (Mahwah, NJ: Paulist Press, 2010).

7

Reconocer el terreno: el liderazgo en un panorama cambiante

El fin de la "burbuja" católica

En épocas pasadas, muchos católicos estadounidenses se congregaban en comunidades unidas que podrían compararse con "guetos" católicos, o lo que me gusta llamar "burbujas católicas". La cultura en estas comunidades "rebosaba" de catolicismo. Existían las estructuras necesarias para mantener la burbuja intacta: una comunidad homogénea, familias fuertemente tradicionales, la práctica de tradiciones y devociones católicas, un liderazgo de la Iglesia que no se cuestionaba y escuelas católicas de bajo costo que eran asequibles, si no para todas, para la mayoría de las familias. Crecer en la burbuja católica era como estar marinado en catolicismo: empapaba hasta la fibra más íntima de nuestro ser. Uno se formaba como católico con el apoyo de la familia y la comunidad que practicaba su forma de vida. Todo lo que se necesitaba para cerrar el trato era que un niño aprendiera el catecismo: generalmente, en la forma del *Catecismo de Baltimore*, un recurso que usaba el formato de preguntas y respuestas para transmitir las doctrinas y enseñanzas básicas de la Iglesia católica.

Hoy en día, la burbuja católica ha estallado. Ya no existe. Las comunidades son mucho más pluralistas, y las personas tienen mucha más movilidad. Las familias experimentan grandes presiones y desafíos.

Muchas tradiciones y devociones católicas han desaparecido. Tras la crisis de los abusos sexuales del clero, el liderazgo de la Iglesia ha perdido credibilidad. Y, por último, los costos en aumento han hecho que la educación católica esté fuera del alcance de muchos.

De muchas maneras, sin embargo, todavía nos acercamos a la formación en la fe con una actitud y un sistema que fueron modelados en el siglo anterior: "¡Deje a su hijo con nosotros por unas horas a la semana y le devolveremos un niño plenamente formado en la fe católica!". Tú y yo sabemos que este estilo ya no funciona. Como líder catequético, tu función es mantenerte actualizado en este mundo en permanente cambio y considerar nuevos formatos, nuevas estructuras y nuevos enfoques para transmitir la Buena Nueva de Jesucristo de la manera más eficaz posible.

Tiempos cambiantes

Las fotografías tomadas en la Plaza de San Pedro con una diferencia de menos de ocho años muestran imágenes muy distintas. En 2005, en el funeral de san Juan Pablo II, la multitud en la plaza está mirando hacia adelante, con las manos a los costados. En 2013, durante la elección del Papa Francisco, casi todos en la plaza están sosteniendo un dispositivo móvil para filmar el momento o tomar una fotografía. La tecnología está cambiando rápidamente la forma en que vivimos e interactuamos con los demás y con el mundo. Por esto es fundamental que como líder catequético tengas la capacidad de reconocer e identificar patrones que puedan afectar la formación en la fe de manera positiva o negativa. Esto te ayudará a ajustar el modo de transmitir el mensaje o a cambiar las estrategias de acuerdo con la realidad actual de tu parroquia o entorno. En otras palabras, debes adaptarte para servir a las necesidades de las personas, y no esperar que ellas se adapten a tu manera de hacer las cosas.

En 2012, la Conferencia Católica del Estado de Nueva York publicó una declaración que describía las múltiples necesidades y desafíos de las parroquias e invitaba a los líderes catequéticos parroquiales a renovar su compromiso con el llamado que recibieron. Estos desafíos se han convertido en experiencias vividas en toda la nación, algunas de las cuales menciono a continuación:

- menor participación de niños y jóvenes en programas de formación en la fe
- decreciente participación en la Eucaristía dominical
- sacerdotes con múltiples funciones, especialmente en parroquias fusionadas o combinadas
- menos personas con vocación para el ministerio sacerdotal
- número creciente de sacerdotes extranjeros, que compensan la falta de sacerdotes locales y deben luchar con diversas barreras sociales para desempeñarse
- aumento de la secularidad
- rápido crecimiento de la tecnología
- pérdida del respeto por la Iglesia y de la confianza depositada en ella a causa de los escándalos de abuso sexual
- diferentes tipos de familias, desde las intergeneracionales hasta las conformadas por parejas no casadas

Es fundamental que, como líder catequético, aprendas a escudriñar los "signos de la época e interpretarlos a la luz del Evangelio" (*Gaudium et Spes*, #4). Esto significa que debes entender profundamente el ambiente en el que vives y sus alegrías, sufrimientos y desdichas. La habilidad de escudriñar el pasado, presente y futuro proyectado de tu comunidad se conoce como "contextualización". Es el arte de buscar patrones que puedan arrojar luz sobre la situación actual y mejorar tu habilidad para tomar decisiones con seguridad y realizar cambios en los procesos o programas según sea necesario.

El ministerio catequético es contextual y de relaciones. Como dije anteriormente, la formación en la fe no sucede en un vacío, sino más bien en una comunidad de creyentes. En los Evangelios se nos dice que Jesús tuvo que apartar a sus discípulos y explicarles las parábolas. Cuando sus discípulos le preguntaron por qué le hablaba a la gente con parábolas, él respondió: "Porque a ustedes se les ha concedido conocer los secretos del reino de los cielos, pero a ellos no se les concede" (Mateo 13:11). Es interesante que Jesús, que conocía a su público, incluyera en sus parábolas elementos comunes de la época como el trigo, la semilla, la levadura, etcétera. No usaba conceptos extraños que la gente no entendiera. En cambio, usaba objetos familiares y cotidianos con los que la gente podía identificarse de alguna manera.

Piensa qué sucedería hoy si compartiéramos parábolas basadas en fenómenos culturales que la mayoría de las personas entienden o aprecian porque tienen un sentido especial para ellas: el *Super Bowl*, Google, LeBron James, Facebook, Superman, Skype, Beyoncé y Twitter, por ejemplo. El caso es que el mensaje del Evangelio necesita conectarse con la vida de las personas y encontrarse con ellas en el lugar donde estén, de modo que puedan ver la forma en que Dios está presente en su vida diaria. Como líder catequético, es fundamental que "hables el idioma" de las personas a quienes sirves, de modo que reconozcan una conexión entre el Evangelio y su vida cotidiana.

Tirar las redes al otro lado del bote

En su libro *Reimagining Faith Formation for the 21st Century* [Reimaginando la formación en la fe para el siglo XXI], John Roberto presenta numerosos desafíos para tener en cuenta a la hora de dirigir un programa catequético para todas las edades y generaciones, entre los cuales están los drásticos cambios en la vida familiar.

Mientras que la familia tradicional estaba compuesta por una mamá, un papá y sus hijos biológicos, las familias de hoy pueden ser:

- familias mixtas
- una pareja no casada con hijos
- una pareja no casada sin hijos
- una pareja del mismo sexo con hijos
- una pareja del mismo sexo sin hijos
- abuelos y padres con hijos
- abuelos como principales cuidadores de los niños
- padres con hijos jóvenes solteros viviendo en casa
- padres solteros con hijos pequeños

Prestar atención a los cambios actuales en la configuración de la familia conlleva la voluntad de abandonar viejas estructuras, modelos y maneras de pensar que no responden a las necesidades actuales de las personas ni se alinean con ellas. Es posible que tengas idea de los cambios constantes que se producen en el ámbito de tu parroquia y que hayas probado diferentes modelos con escaso éxito. Tal vez dudes de si algún modelo funcionará.

El Evangelio de Juan nos puede ayudar a apreciar que hasta Simón tenía sus dudas. Cuando él y los demás discípulos no han pescado nada, Jesús les dice: "Tiren la red a la derecha de la barca y encontrarán" (Juan 21:6); aunque ya habían estado pescando un rato, sin resultados. Te preguntarás: "¿Quién es, exactamente, el experto aquí?". Simón había sido pescador durante muchos años y, según la Biblia, Jesús no estaba en el oficio de la pesca, sino en el de la carpintería.

Sin embargo, Simón accede y decide tirar la red al otro lado. Como resultado, "era tanta la abundancia de peces que [los discípulos] no podían arrastrarla" (Juan 21:6). Jesús no dijo: "Escucha, Simón, es tu forma de tirar las redes lo que no está funcionando" ni "¡Ve y consigue redes nuevas porque las necesitarás!". Simón usa, literalmente, lo que tiene a mano y está dispuesto a intentar lo que Jesús sugiere, aunque le cuesta creer que vaya a funcionar.

Del mismo modo, la clave del éxito como líder catequético consiste en ser innovadores, en estar dispuestos a correr riesgos y a adaptarse al cambio, pero, a la vez, permanecer fieles al mensaje del Evangelio.

Evaluar la necesidad

Los desafíos de la actualidad están moldeando la manera en que se forma la sociedad, cómo se desenvuelven las relaciones y cómo se desarrollan nuevas estructuras o comportamientos. Comprender estas dinámicas es importante para reconocer tu terreno. Como líder catequético, eres llamado a liderar como Jesús y a tener la sensibilidad pastoral para enfrentar las realidades de hoy. La siguiente historia ilustra esta idea.

Natalia (no es su verdadero nombre) fue contratada como directora de educación religiosa de una parroquia mediana, de 1300 familias, de las cuales entre el 80% y el 85% eran hispanas. Natalia era joven, había realizado una maestría en teología en una prestigiosa facultad teológica, era completamente bilingüe (hablaba inglés y español) y sentía una gran pasión por su fe, pero tenía poca experiencia de trabajo como líder catequética. A los pocos meses, se dio cuenta de que la mayoría de los padres en su programa no sabían mucho sobre los principios básicos de la fe católica, no sabían cómo leer las Sagradas Escrituras, no sabían recitar oraciones básicas y no estaban familiarizados con otras prácticas y creencias de la fe católica. Natalia decidió ofrecer clases de formación en la fe para padres mientras sus hijos asistían a sus propias clases. Natalia y su equipo dedicaron al menos dos meses a promover estas clases en las misas, reuniones de padres, con correos electrónicos, cartas, etcétera. Las clases comenzaron y se llenaron: contaban con la presencia de más de 130 padres los domingos por la mañana durante una hora y treinta minutos. El formato de la clase incluía unas breves palabras de bienvenida por parte de uno de los catequistas, seguidas de alabanza y adoración, la clase y, por último, un momento de comunidad. ¿Qué podía salir mal?

Al cabo de algunas semanas, la participación había decaído drásticamente de 130 a 25 padres. ¿Qué sucedió? Me ofrecí para ayudar a Natalia y tuve la oportunidad de observar el proceso en persona. Pronto me di cuenta de que el contenido en sí era genial, fiel al Magisterio de la Iglesia y sólido; por ende, esa no era la razón por la que había disminuido el interés de los padres. Luego, decidí visitar la parroquia y tratar de entender qué más podía estar sucediendo. Enseguida me enteré de que el vicario parroquial había recibido una propuesta de parte de varios feligreses que eran abogados especializados en inmigración que se ofrecieron para dar talleres gratuitos de orientación en la parroquia, por un período de seis semanas, los martes por la noche y los domingos por la mañana. Los talleres se concentraban en DAPA (*Deferred Action for Parents of Americans* [Acción Diferida para Padres de Ciudadanos y Residentes]) y DACA (*Deferred Action for Childhood Arrivals* [Acción Diferida para los Llegados en la Infancia]). Como podrás adivinar, muchos de los padres habían elegido asistir a estos talleres. Estos padres tenían una necesidad fundamental que Natalia y su personal no conocían ni se habían molestado en averiguar. No era que estos padres no estuvieran interesados en aprender sobre su fe sino que había algo más urgente de que ocuparse y alguien se los estaba brindando. ¿La lección aprendida? La formación en la fe debe tener en cuenta las necesidades básicas de las personas.

Comparto esta anécdota para enfatizar cómo la experiencia ayudó a que Natalia entendiera la necesidad de estar informada sobre la comunidad de su parroquia. El fracaso de las clases para la formación de adultos podría haberse evitado si Natalia hubiera averiguado más detalles acerca de la dinámica del panorama de su parroquia.

Las diez implicaciones más importantes

Todos los cambios sociales de los que hemos hablado en este capítulo tienen implicaciones para el modo de proceder como líder catequético en este milenio. A continuación se presentan algunas de las formas en las que eres llamado a tirar las redes al otro lado del bote.

1. Puesto que la vida católica ya no está anclada en un hogar católico o un barrio católico en la misma medida en que lo estaba antes, necesitarás: a) concentrarte en distintas maneras de movilizar a la comunidad parroquial para formar a los demás en la fe al tiempo que empoderas a los padres para que acepten su función como principales educadores de sus hijos y b) no solo fortalecer la iglesia doméstica, sino también enseñar a los padres cómo construirla y sustentarla.
2. Como las familias ya no siguen al pie de la letra la manera tradicional de formarse en la fe y de recibir los sacramentos (Bautismo de los niños, la primera Eucaristía alrededor del segundo grado, la Confirmación entre los grados octavo y décimo segundo, etcétera), necesitarás tener un enfoque más orientado al catecumenado en la formación en la fe y menos académico o vinculado a los grados escolares.
3. Ya que las personas están experimentando una significativa desconexión entre la fe y la vida cotidiana, deberás concentrar la atención en establecer conexiones más fuertes entre la Buena Nueva de Jesús y la sanación de la vulneración y las heridas de las personas.
4. Como la generación actual está acostumbrada a aprender y conectarse digitalmente, deberás asegurarte de que la tecnología esté totalmente integrada en los formatos de tus programas de formación en la fe.
5. Puesto que un gran número de las personas a las que eres llamado a servir entienden poco o nada acerca de la fe católica,

sus enseñanzas y tradiciones, vas a necesitar acoger la nueva evangelización y participar de una preevangelización más fuerte, que invite a las personas a considerar la opción de establecer una relación con Jesús y la Iglesia, y que requerirá que escuches más atentamente las historias de las personas.

6. Debido a la pérdida de confianza causada por el escándalo de abuso sexual en el clero, tendrás que trabajar constantemente para restaurar la confianza y la credibilidad, enfatizando las obras de misericordia y justicia que ponen nuestra fe en acción, y resaltando los testimonios personales, de modo que las personas conozcan y escuchen las historias personales de los auténticos discípulos de Cristo.
7. Ya que menos adultos tienen conocimiento suficiente de su propia fe, tendrás que reforzar la formación en la fe para adultos, en particular la formación en catequistas, y convertir a ambas en prioridades absolutas.
8. Como consecuencia de la complejidad y el trajín de la vida de las personas, así como del aumento de la secularidad, no podrás sentarte a esperar que las personas vengan a ti; necesitarás identificar maneras de acercarte a ellas. La evangelización se convertirá en un estilo de vida para ti y tu programa.
9. A causa del pluralismo de nuestra sociedad, necesitarás concentrarte en la inculturación, el ecumenismo y el diálogo interreligioso de modo más deliberado, proactivo y con mayor energía de lo que era necesario en el pasado.
10. Debido a la limitación y reducción de recursos, serás llamado a hacer más con menos: esto significa que el ministerio colaborativo con parroquias vecinas no será negociable.

De ninguna manera se trata de una lista exhaustiva, pero ¡no quiero ahuyentarte de este maravilloso ministerio haciendo que los desafíos parezcan abrumadores! Sin embargo, es fundamental que entres a este ministerio con los ojos bien abiertos y con la voluntad de tirar tus redes al otro lado del bote para mejorar tu "pesca".

Un estudio de la realidad

Mi experiencia en Houston dice que durante algunos años la ciudad ha venido mejorando las autopistas, las carreteras y el sistema de drenaje. Hace algún tiempo, el Departamento de Transporte de Texas publicó un análisis de las cien rutas más congestionadas del estado de Texas. Resulta que la interestatal 610, de la que vivo a solo algunas calles, tiene más de 1,100,000 de horas anuales de demora por milla y se ha convertido en la ruta más congestionada en todo el estado. Más abajo en la lista, la tercera ruta más congestionada es la autopista 59, también muy cercana a mi casa. ¡Con razón demoro tanto tiempo en llegar al trabajo!

Pero, ¿qué tienen que ver las rutas y el tiempo que tardamos en llegar a algún lugar con el liderazgo catequético? La respuesta es simple: mientras te preparas para establecer tu programa con calendarios, horarios de reuniones con padres de familia, sesiones sacramentales para la Reconciliación y primera Eucaristía, Confirmación de adultos, días de capacitación para catequistas, etcétera, ¡conoce a tus familias y sus "patrones de tránsito", como un conductor necesita conocer las rutas! Asegúrate de familiarizarte con la infraestructura de tu parroquia y sé consciente de los obstáculos y desafíos que pueden impedir que llegues a tu destino previsto. Dedica el tiempo necesario a estudiar la demografía de tu parroquia. Si tomaras una fotografía de la vida de tu parroquia, ¿qué verías? ¿Quién está en la periferia? ¿Quién quedó eliminado de la imagen? ¿Qué falta? ¿Qué eventos centrales de tu comunidad parroquial propiciarán la participación de personas de diferentes edades y comunidades intergeneracionales?

Antes de comenzar un proyecto de construcción importante, los ingenieros civiles, planificadores urbanos, agrimensores y constructores de propiedades deben estudiar el sitio con cuidado, inspeccionar el terreno, y recopilar y evaluar la información pertinente. Por ejemplo, mi hermano Alan es ingeniero civil en el estado de Texas desde hace muchos años. Hasta hace poco, yo no tenía idea de que este puesto requiere planificación y diseño tanto en el sector público como en el privado, desde transporte hasta urbanización y desde ingeniería de tránsito hasta administración de obras. Alan reúne información de agrimensores que detalla la ubicación exacta, los límites y las características geográficas de una propiedad y luego genera planes, diseños y presupuestos para los potenciales inversionistas. En otras palabras, es parte del proceso de visión de su empresa. Sus empleadores saben que pueden confiar en él para obtener información, analizar costos y evaluar el tipo de inversión que un cliente está dispuesto a realizar. Esta es una manera de llegar a reconocer el propio terreno.

Los líderes catequéticos también son llamados a inspeccionar su parroquia y sus ministerios en lugar de elaborar soluciones apresuradas que, se espera, satisfagan las necesidades, aunque solo terminan enfrentando obstáculos. Un verdadero líder servidor crea una cultura de intencionalidad: conocer a las personas, conocer sus necesidades y estar dispuesto a satisfacerlas antes de satisfacer las propias. Al hacer una evaluación de tu parroquia, fíjate si existen áreas que puedan requerir más trabajo. De ser así, el trabajo a menudo podrá realizarse por medio de la delegación, una práctica que tratamos en el capítulo 3.

Resumen: El terreno sagrado del otro

"El sitio que pisas es terreno sagrado". (Éx 3:5)

El mundo está cambiando rápidamente. Los modelos convencionales de formación pueden no ser suficientes o eficaces para difundir el Evangelio entre las nuevas generaciones. Es crucial que un líder catequético tenga en cuenta todos los factores que puedan afectar al ministerio y se adapte a ellos para servir a las necesidades de las personas.

Estos desafíos no deben ser un obstáculo ni prohibirnos crear nuevas formas de transmitir las enseñanzas del Señor a una sociedad muy móvil. Más bien, somos llamados a acoger el terreno sagrado del otro.

Para reflexionar y conversar

- ¿Qué nuevo entendimiento o inspiración tienes ahora que no tenías antes?
- ¿Responde tu programa catequético a las necesidades de los diferentes grupos étnicos de tu parroquia? ¿Aborda los problemas comunes en la vida de los adultos?

Madurar como líder catequético

El líder catequético eficaz

CONFERENCIA NACIONAL LIDERAZGO CATEQUÉTICO

LOYOLAPRESS.

El panorama de tu programa

Mientras que la familia tradicional estaba compuesta por una mamá, un papá y los hijos biológicos, las familias de hoy vienen en todas las formas y tamaños. Con el personal catequético, repasa la lista de familias inscritas en tu programa de formación de la fe. Calcula cuántos ejemplos de cada tipo de familia puede encontrarse en el "panorama" de tu programa.

Tipo de familia	Número en el programa
Tradicional	
Mezclada	
Pareja no casada con hijos	
Pareja del mismo sexo con hijos	
Abuelos y padres con hijos	
Abuelos como principales cuidadores de los niños	
Padres solteros con hijos	
Otra:	
Otra:	
Otra:	
Otra:	

Mientras examinas el panorama de tu parroquia, ¿qué implicaciones detectas para tu enfoque en la formación de la fe?

Liderazgo catequético: cómo debe ser, cómo debe organizarse y a quién debe servir — Capítulo 7

Es esencial conocer el terreno antes de comenzar a planificar un programa de formación en la fe. Existen nuevos factores en la sociedad que están moldeando comportamientos y prácticas: familias mixtas, tecnologías digitales, menos procesos de formación en la fe y poblaciones transculturales. Estos son desafíos que los modelos tradicionales de formación en la fe no abordan. Haz una lista de factores que determinan las realidades presentes de tu parroquia (etnias, tipos de familias, tecnologías digitales, etcétera).

Visita www.loyolapress.com/lce para acceder a la hoja de ejercicios.

Acción sugerida

No temas involucrar a los abuelos en la vida de fe de sus nietos. Son joyas de sabiduría y generalmente están dispuestos a compartir su fe con los jóvenes.

Recursos adicionales

En español

Amoris Laetitia (La alegría del amor). Papa Francisco (Bilbao: Ediciones Mensajero, Grupo de Comunicación Loyola, 2016).

La planificación: mirando al infinito. Germán Sánchez Griese (Perú: Editorial Asociación Hijas de San Pablo, 2009).

En inglés

The Catechetical Leader in the Third Millennium [El líder catequético en el tercer milenio]. New York State Catholic Conference [Conferencia Católica del Estado de Nueva York] (26 de septiembre de 2012). www.nyscatholic.org/2012/09/2001/.

National Study of Youth and Religion [Estudio nacional sobre juventud y religión]. Proyecto de investigación dirigido por Christian Smith, Universidad de Notre Dame, y Lisa Pearce, Universidad de Carolina del Norte, Chapel Hill. http://youthandreligion.nd.edu/.

8

Decídete: el liderazgo y la toma de decisiones

El caballero de la noche

En la película de Batman *El caballero de la noche*, hay dos momentos en los que es preciso tomar decisiones. En una escena, el Guasón revela que Rachel y Dent han sido atrapados en diferentes sitios, cargados de explosivos. Batman debe decidir si salvar a la mujer que ama, Rachel, o al hombre que puede ayudarlo a salvar la ciudad, Dent. Batman decide salvar al amor de su vida; lamentablemente, el Guasón engaña a Batman intercambiando los sitios, y cuando Batman va a buscar a Rachel termina yendo al sitio donde está Dent. Ambos lugares explotan; Dent pierde la mitad de su rostro y Rachel muere. En el segundo momento, el Guasón ha llenado dos ferris con explosivos; estos ferris están evacuando a las personas y llevándolas a un lugar seguro. Uno transporta a ciudadanos civiles y el otro a reclusos de cárcel. Cada ferri cuenta con un dispositivo que permite a los pasajeros hacer explotar el otro ferri. Si, para cierta hora, los explosivos de uno de los ferris no han sido detonados, el Guasón destruirá ambos ferris. Los dos grupos se niegan a hace estallar al otro, pero el tiempo se está agotando. ¿Qué debe hacer Batman? ¿Ayudar solo al bote de ciudadanos civiles? ¿Mediar entre ambos grupos? ¿Atrapar al Guasón y evitar estos posibles resultados trágicos?

Ambas escenas demuestran la complejidad y dificultad que significa tomar una decisión. Las decisiones son parte de la vida cotidiana, pero a veces es difícil tomar decisiones sensatas y eficaces. A menudo no debemos decidir entre resultados obviamente buenos y malos, sino entre dos buenos. La pregunta es ¿cuál es mejor para esta situación? Discernir es una gran parte de tu responsabilidad como líder catequético.

¿Solo hazlo?

Aunque algunas decisiones pueden ser de "vida o muerte" y tan drásticas como los ejemplos de la película *El caballero de la noche*, lo bueno es que, como líder catequético, posiblemente nunca te toquen situaciones así de extremas. Más bien, afrontarás, o tal vez ya estés afrontando, dilemas pastorales que necesitan respuestas o maneras de acercar a las personas más a Cristo. Quizás ya tengas experiencia con personas que buscan respuestas fáciles, como si todo fuera blanco o negro. Tú, por otra parte, reconoces que siempre hay una cierta cantidad de zonas grises en la vida. Es tu función tomar las mejores decisiones posibles y ayudar a los demás a practicar también el arte de tomar decisiones sensatas.

Tomar decisiones con integridad

Debido a tu puesto de liderazgo, distintas personas, entre ellas catequistas, padres de familia y compañeros de trabajo, recurrirán a ti buscando consejos y orientación. Por la naturaleza de tu puesto, acudirán a ti con sus quebrantos, buscando sanación, consuelo o afirmación. No toda decisión que tomes podrá "arreglar" las cosas, y es importante reconocer que habrá momentos en los que algunos se acercarán a ti buscando consejo espiritual más allá de tus capacidades. Es muy importante que los remitas a la persona correcta, ya sea tu párroco o alguien con habilidades profesionales para brindar consejo en cuestiones específicas.

Algunas situaciones requieren que otras personas se involucren en tus decisiones. Por ejemplo, si estás cambiando los horarios y fechas de tu programa catequético, sería bueno consultar con los padres, catequistas y demás personal de la parroquia para hablar sobre el impacto que este cambio podría tener en toda la parroquia. Otras decisiones, como elegir un tema para un servicio de oración, no requerirán consultar a otras personas. Algunas decisiones serán fáciles de tomar y otras requerirán que recopiles información, identifiques alternativas y disciernas opciones antes de actuar.

Corazones inquietos

Nuestra condición humana nos exige lidiar con deseos en conflicto: por un lado, tener control sobre nuestra propia vida y, por otro, cultivar una vida espiritual y seguir la voluntad de Dios. Desprendernos de nuestro ego y permitir al Espíritu de Dios que habite en nuestra vida es para nosotros una lucha constante. Por momentos podemos sentir que nuestro corazón está dividido: perseguir nuestras necesidades y deseos o sacrificarlos por el bien de los demás. ¡Qué dilema! Quizás nos preguntemos: "¿qué quiere Dios de mí?, ¿qué quiere todo mi ser?". Como es bien sabido, san Agustín rezaba: "Señor, concédeme castidad y continencia, pero no ahora mismo". Sin embargo, también concluía: "nuestro corazón está inquieto hasta que descanse en ti". Si siguen la voluntad de Dios, nuestras decisiones finalmente darán descanso a nuestro inquieto corazón.

Cómo tomar buenas decisiones

En el libro *What's Your Decision?* [¿Cuál es tu decisión?], Sparough, Manney y Hipskind proponen que cualquier decisión que uno toma, con seguridad, le importa a Dios. Relatan la historia de san Ignacio de

Loyola poco después de su conversión, cuando andando por el camino entabló un debate sobre religión con un hombre no cristiano. El debate se acaloró y, cuando el camino se bifurcó, el hombre no cristiano partió abruptamente, lanzando un insulto sobre la Santísima Virgen María. Pensando aún como un militar, el primer impulso de Ignacio fue perseguir al hombre y quitarle la vida para defender el honor de María. Su recién descubierta fe, sin embargo, lo impulsó a tomar el otro camino y olvidar el tema. Sin entender aún toda la complejidad del discernimiento, Ignacio decidió dejar que su burro tomara la decisión. Si el burro tomaba el camino que el otro hombre había tomado, Ignacio lo perseguiría y lo mataría, pero si el burro elegía el otro camino, Ignacio se olvidaría de su ira y se alejaría en paz. Por fortuna para Ignacio, y para todos nosotros, el burro tomó el camino pacífico (11). Esta experiencia hizo que Ignacio explorara más profundamente el concepto de discernimiento: que reflexionara sobre sus motivos y la razón por la que había reaccionado como lo hizo. Se dio cuenta de que sus emociones estaban relacionadas con sus reacciones, y luego con sus decisiones, pero que no siempre podía confiar solo en las emociones.

Sí, nuestras emociones deben jugar un papel importante en cualquier proceso de discernimiento. Pueden brindarnos información importante sobre lo que valoramos y sobre dónde están nuestros valores. Pero necesitamos equilibrar nuestras emociones —lo que tenemos ganas de hacer— con la voluntad de Dios para nosotros, que es optar por lo que quiere el amor. Además, debemos usar nuestra capacidad para razonar, o sopesar bien, nuestras opciones de una manera lógica. San Ignacio de Loyola sabía lo que significaba sentirse dividido entre los impulsos humanos de razonamiento lógico y de reacción emocional, pero con el tiempo también aprendió que Dios nos habla a través de nuestra naturaleza humana. Hemos sido diseñados para escuchar a Dios a través de "nuestras respuestas emocionales a las experiencias que vivimos" [v.d.t.] (ibíd., 33) y para reflexionar luego sobre lo que escuchamos. El objetivo del discernimiento no es solo hacer lo que sintamos como correcto, sino usar nuestras emociones y nuestra razón para tomar decisiones que nos ayuden a seguir a Dios.

El proceso de discernimiento

Durante el proceso de toma de decisiones, el discernimiento espiritual no debería verse como un pequeño paso en el camino. Más bien, debería verse y entenderse principalmente como un movimiento espiritual a través del cual permitimos que el Espíritu Santo nos guíe en un asunto que tiene el potencial de acercarnos más a Dios. El discernimiento espiritual es más que una habilidad; es un don de Dios. Mi colega y amigo Joe Paprocki describe el discernimiento como el proceso interior que llevamos a cabo "para sintonizar nuestra voluntad con la voluntad de Dios de modo que podamos entender lo que Dios nos llama a ser y a hacer" [v.d.t.] (*7 Keys to Spiritual Wellness* [7 claves para el bienestar espiritual], 36). Entonces, ¿cómo sintonizamos nuestra voluntad con la voluntad de Dios? La clave es amar a Dios primero, como lo creía Ignacio, de modo que Dios, a su vez, nos dirija hacia nuestros deseos más profundos y nos invite a moldear nuestra voluntad a la medida de la suya.

Obviamente, como líderes catequéticos no podemos tomar decisiones solo en base a presunciones o preferencias personales, lo cual sería actuar como comandantes o dictadores. En cambio, necesitamos recordar que hemos sido llamados a ser discípulos de Jesucristo y a actuar en su nombre. Como afirma el *Directorio General para la Catequesis* "La fe es un encuentro personal con Jesucristo, es hacerse discípulo suyo. Esto exige el compromiso permanente de pensar como El, de juzgar como El y de vivir como El lo hizo" (#53). Esto implica que, como líderes catequéticos, somos llamados a aprender a encomendar nuestras acciones y sus consecuencias a Dios, a confiar en él y a continuar comprometiéndonos en el movimiento dinámico del Espíritu.

Discernir al Espíritu Santo al tomar decisiones no debe estar separado de tus sueños, imágenes, sentimientos, razonamiento lógico e intuición. De hecho, Dios utiliza todos estos vehículos con el fin de comunicarnos el mejor camino disponible al enfrentar una decisión. No es de sorprender que en julio de 2016, el Papa Francisco invitara a los jesuitas a iniciar un contacto con los sacerdotes diocesanos para compartir con ellos el arte del discernimiento como lo enseñó san Ignacio de Loyola. La espiritualidad ignaciana ofrece un camino para tomar decisiones complejas frente al conflicto, y este enfoque puede y debe desempeñar un papel importante en tu tarea como líder catequético. Para Ignacio, saber lo que era moral e inmoral resultaba esencial, pero aún más importante era conocer los movimientos del Espíritu en la vida de la persona. A continuación se presentan algunos principios ignacianos de discernimiento.

- **La toma de decisiones es una batalla y debemos aceptarla.** Ignacio creía que la batalla era el problema en sí, pero también el proceso para encontrar una solución al problema.
- **Los sentimientos tienen significado espiritual.** Ignacio experimentaba emociones opuestas, pero podía distinguir movimientos sutiles por medio de los cuales Dios le comunicaba su voluntad.
- **Dios es siempre un Dios amoroso.** Ignacio creía que en cada situación el fin es siempre Dios y que nuestras decisiones deberían ser los medios que nos ayudan a alcanzar ese fin.
- **El Espíritu anhela guiar nuestro proceso de discernimiento.** Para determinar hasta qué punto estamos involucrando al Espíritu en nuestro proceso de discernimiento, podemos preguntar:
    - ¿Mi decisión nos acerca a mí y a otros más a Cristo?
    - ¿Mi decisión me inspira a amar?

- ¿Mi decisión me da libertad de espíritu? ¿Qué emociones podrían estar agitándose en mi cuerpo (paz o falta de paz, gozo, ansiedad, amor)?

En términos prácticos, al discernir deberías considerar los siguientes pasos:

1. **Identificar el dilema.** Dedica algo de tiempo a identificar con precisión la naturaleza del problema. Por ejemplo, ¿el problema tiene que ver con actitudes conflictivas o poco productivas, falta de entendimiento, competencia o alguna otra cosa?
2. **Reunir información.** Reúne la información necesaria más importante. ¿Qué información clave tengo o necesito obtener?
3. **Comenzar por lo que sabes.** Procura entender tu información. ¿Cómo sucedió esto? ¿Qué condujo a esto? ¿Cuál es la magnitud del problema? ¿Quién más está involucrado? Tal vez desees compartir la información con un grupo de personas. Recuerda, no tienes que tener todas las respuestas. ¡Nunca subestimes la sabiduría que hay en un grupo!
4. **Identificar alternativas.** Pregúntate qué otras opciones tienes disponibles. ¿Cuántas opciones hay?
5. **Hacer una lista de ventajas y desventajas.** Haz una lista de las ventajas y desventajas que puedas identificar.
6. **Pedir orientación.** Pon todo lo que sabes en oración. Pídele al Espíritu Santo que te guíe y te conduzca hacia la voluntad de Dios.
7. **Dejar que Dios te hable.** Escucha tus emociones y pensamientos. ¿Qué oyes? ¿Qué sigues repasando en tu mente?
8. **Elegir entre tus opciones.** Repasa detenidamente toda la información que tienes. ¿Hay incongruencias? ¿Qué es lo peor que podría pasar? ¿Qué es lo mejor que podría pasar? De ser necesario, háblalo una vez más con alguien de confianza.

9. **Tomar una decisión y actuar.** Después de hacerlo, evalúa los resultados de tus acciones. ¿Hay partes de la decisión que necesitan ser revaluadas? ¿Fue una decisión eficaz? ¿Aprendiste algo? ¿La decisión llevó a las personas a acercarse más a la voluntad de Dios?

Estilos de toma de decisiones

No todos toman decisiones conforme a un mismo estilo. Según afirma Brent Gleeson en la revista *Forbes* del 7 de noviembre de 2012, existen cuatro estilos básicos de toma de decisiones:

1. Dominio: un líder toma decisiones sin consultar con su equipo.
2. Colaborativo: un líder reúne al equipo y le pide opiniones e ideas para tomar una decisión mejor fundada.
3. Consenso: un líder basa sus decisiones en la disposición de todos los involucrados a respetarlas, aun si no todos están totalmente de acuerdo con ellas.
4. Comodidad: un líder delega una decisión al empoderar a colegas confiables. ("*4 Ways for Leaders to Make a Decision*" [4 maneras en que los líderes toman decisiones], 7 de noviembre de 2012)

Es posible que ya apliques uno o más de estos estilos, según la naturaleza de la decisión que necesites tomar. No toda decisión requiere el consenso de un grupo grande; eso no sería ni realista ni eficaz.

Algunas decisiones, por supuesto, sí requieren de un alto grado de colaboración y consenso. Hace algunos años, en una parroquia de las afueras de Houston, el párroco decidió alterar los horarios de funcionamiento y de los servicios de la parroquia sin consultar a los feligreses, al personal ni al consejo pastoral. Decidió que las horas de recepción tenían que extenderse de 9:00 a.m. a 7:00 p.m. para satisfacer las necesidades de las personas que iban a la parroquia justo después del trabajo y esperaba que solo el personal pastoral, y no el personal administrativo, trabajara en esos horarios. También cambió la hora de una misa dominical, de 10:30 a.m. a 9:00 a.m. porque había un intervalo muy largo entre la misa de las 7:00 a.m. y la de las 10:30 a.m. Lamentablemente, el párroco no se dio cuenta del impacto que este cambio tendría en el programa de formación en la fe, ya que los niños asistían a clases de 9:00 a.m. a 10:25 a.m., después de lo cual toda la familia se reunía para asistir a misa. Ahora no había forma de participar juntos a esta hora, a menos, claro, que el programa catequético cambiara su horario para ajustarse a los deseos del párroco.

Al principio, el párroco rehusaba revertir su decisión porque creía que era buena para toda la comunidad. Con el tiempo, sin embargo, después de un gran número de quejas de toda la parroquia, el párroco desistió de su decisión y volvió a los horarios de funcionamiento anteriores. ¿Qué falló? Es el párroco y tiene el derecho de tomar decisiones, ¿no es así? Bueno, sí y no. Aunque tiene la autoridad para tomar decisiones como estas, quedó claro que no era sensato hacerlo de manera unilateral cuando tantas personas se veían afectadas.

Como líder catequético, asegúrate de tener en cuenta a todas las partes involucradas antes de tomar una decisión. A continuación se incluyen solo algunos ejemplos de los tipos de decisiones que posiblemente te toque enfrentar como líder catequético, a menudo, junto con tu párroco y personal pastoral.

- Qué serie de libros de texto y recursos usarás.
- Qué formato seguirá tu programa de formación en la fe.
- Quién enseñará qué nivel o programa.
- Qué día(s) y a qué hora se llevará(n) a cabo tu(s) programa(s) de formación en la fe.
- Si un catequista debería permanecer o ser despedido.
- Si un niño necesita acción disciplinaria por comportamiento inaceptable.

- Si un individuo está bien preparado o predispuesto para recibir un sacramento.
- Cómo asignar fondos en tu presupuesto.
- Cuánto tiempo, energía y dinero puedes invertir en tu propia capacitación continua.
- Qué información debería incluirse en el boletín de tu programa, perfil de Facebook, cuenta de Twitter o página web.
- Si hay que dar permiso para hacer una excursión.
- A quién reclutar como asistentes de catequistas.
- Cómo estructurar la formación de los catequistas.
- Cuándo y sobre qué temas se debe consultar al párroco.
- Cómo organizar tu propia agenda de la mejor manera (a qué reuniones o encuentros asistir, cuándo tomar vacaciones, etcétera).
- Qué deberes y responsabilidades delegar, y en quién.
- Qué decir o cómo ofrecer ayuda a un catequista que tiene dificultades.

No tengas miedo de cometer errores

El liderazgo en un ambiente parroquial tiene algunas similitudes con el liderazgo en el mundo corporativo; sin embargo, el éxito de un líder catequético parroquial se mide por las personas que atrae a Cristo, no por un aumento de las ganancias. El liderazgo catequético eficaz no es un espectáculo con un solo protagonista. Confiamos en la sabiduría, la inteligencia y el ingenio de los demás.

No hay bolas de cristal que nos indiquen qué dirección tomar en la vida o qué nos depara el futuro. Pero sí tenemos sobrados recursos a nuestra disposición, como nuestra conciencia, nuestra capacidad para actuar, nuestras emociones, nuestra razón, nuestros instintos y la sabiduría de nuestra comunidad y tradición. Al tomar una decisión, es importante considerar todas estas fuentes de información, así como distinguir entre nuestros propios deseos y los deseos de Dios. Si tu deseo máximo es amar a Dios y responder a su llamado, tener esto en cuenta hará que las decisiones sean mucho más sencillas y que se adapten a la voluntad de Dios. No tengas miedo de cometer errores; los santos también los cometieron. A medida que te brindes más y más al servicio de tu ministerio, el Señor te guiará para servir y guiar a los demás de maneras aún más profundas.

Resumen: Te pongo delante bendición y maldición

"Hoy tomo como testigos contra ustedes al cielo y a la tierra; te pongo delante bendición y maldición. Elige la vida, y vivirás tú y tu descendencia, amando al Señor, tu Dios. . .". (Dt 30:19–20)

Es inevitable que como líder catequético tengas que enfrentarte a diversas decisiones. Algunas serán simples, mínimas, que no afectarán a muchas personas; otras serán decisiones complejas que afectarán a muchas personas de manera significativa. Los líderes catequéticos tienen la responsabilidad de tomar las mejores decisiones posibles para todos los involucrados y, por lo tanto, deberían adoptar y aplicar un proceso o estructura de toma de decisiones de manera consciente. Dios te ha dado la capacidad de elegir el bien sobre el mal, y deberías aprovechar esta capacidad con seriedad. Como sabemos, la vida es desordenada y complicada, y habrá momentos en los que será difícil saber si estás tomando la decisión correcta. A medida que crece un ministerio, las decisiones necesarias se hacen más frecuentes, complicadas y transcendentes. La clave consiste en buscar la orientación del Espíritu Santo.

Para reflexionar y conversar

- ¿Cuál ha sido la decisión más difícil que has tomado en tu función de líder catequético?
- ¿Qué estilo de toma de decisiones adoptas con mayor frecuencia?

Madurar como líder catequético

Tomar decisiones es un proceso de toda la vida que requiere estar en sintonía con tus emociones, reunir información y pensar de manera clara y lógica. A algunas personas este proceso les resulta tedioso y prefieren respuestas rápidas en "blanco y negro". Puede que recurran a ti porque tienes poder para tomar decisiones en virtud de tu posición. Sin embargo, no te dejes presionar y termines por tomar decisiones apresuradas. Sigue los pasos de discernimiento descritos en este capítulo y siéntete libre de ajustarlos y adaptarlos dependiendo del tema que haya que discernir.

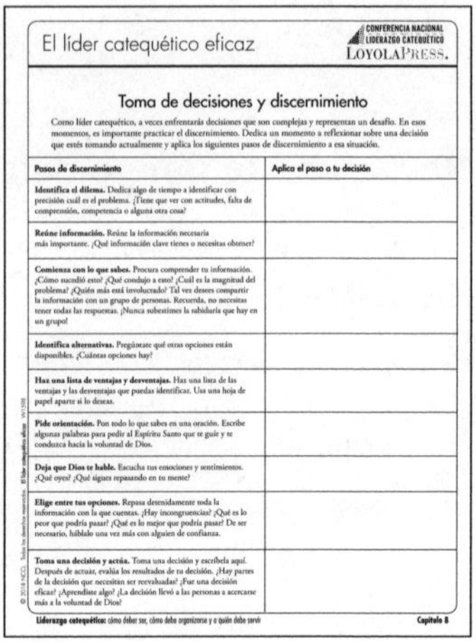

El líder catequético eficaz

CONFERENCIA NACIONAL LIDERAZGO CATEQUÉTICO
LOYOLAPRESS.

Toma de decisiones y discernimiento

Como líder catequético, a veces enfrentarás decisiones que son complejas y representan un desafío. En esos momentos, es importante practicar el discernimiento. Dedica un momento a reflexionar sobre una decisión que estés tomando actualmente y aplica los siguientes pasos de discernimiento a esa situación.

Pasos de discernimiento	Aplica el paso a tu decisión
Identifica el dilema. Dedica algo de tiempo a identificar con precisión cuál es el problema. ¿Tiene que ver con actitudes, falta de comprensión, competencia o alguna otra cosa?	
Reúne información. Reúne la información necesaria más importante. ¿Qué información clave tienes o necesitas obtener?	
Comienza con lo que sabes. Procura comprender tu información. ¿Cómo sucedió esto? ¿Qué condujo a esto? ¿Cuál es la magnitud del problema? ¿Quién más está involucrado? Tal vez desees compartir la información con un grupo de personas. Recuerda, no necesitas tener todas las respuestas. ¡Nunca subestimes la sabiduría que hay en un grupo!	
Identifica alternativas. Pregúntate qué otras opciones están disponibles. ¿Cuántas opciones hay?	
Haz una lista de ventajas y desventajas. Haz una lista de las ventajas y las desventajas que puedas identificar. Usa una hoja de papel aparte si lo deseas.	
Pide orientación. Pon todo lo que sabes en una oración. Escribe algunas palabras para pedir al Espíritu Santo que te guíe y te conduzca hacia la voluntad de Dios.	
Deja que Dios te hable. Escucha tus emociones y sentimientos. ¿Qué oyes? ¿Qué sigues repasando en tu mente?	
Elige entre tus opciones. Repasa detenidamente toda la información con la que cuentas. ¿Hay incongruencias? ¿Qué es lo peor que podría pasar? ¿Qué es lo mejor que podría pasar? De ser necesario, háblalo una vez más con alguien de confianza.	
Toma una decisión y actúa. Toma una decisión y escríbela aquí. Después de actuar, evalúa los resultados de tu decisión. ¿Hay partes de la decisión que necesitan ser reevaluadas? ¿Fue una decisión eficaz? ¿Aprendiste algo? ¿La decisión llevó a las personas a acercarse más a la voluntad de Dios?	

Liderazgo catequético: cómo deber ser, cómo debe organizarse y a quién debe servir — Capítulo 8

Visita www.loyolapress.com/lce para acceder a la hoja de ejercicios.

Acción sugerida

No tengas miedo de cometer errores sobre la marcha. San Ignacio (y casi todos los santos) tuvieron que aprender cómo discernir la voluntad de Dios en su proceso de toma de decisiones. No tienes que tomar decisiones perfectas todo el tiempo, pero sí trata de evitar tomar decisiones de manera improvisada sin discernir el impacto que tendrán en los demás.

Recursos adicionales

En español

Descubre tu sueño: cómo la espiritualidad ignaciana puede guiar tu vida. Gerald M. Fagin, SJ (Chicago: Loyola Press, 2016).

Discernimiento de espíritus. Ramón Benito de la Rosa y Carpio (Madrid: Secretaría para la Renovación, 2010).

Discernimiento y lucha espiritual. Miguel Ángel Fiorito (Bilbao: Ediciones Mensajero, Grupo de Comunicación Loyola, 2010).

En inglés

What's Your Decision? How to Make Choices with Confidence and Clarity [¿Cuál es tu decisión? Cómo tomar decisiones con confianza y claridad]. Michael Sparough, SJ, Jim Manney y Tim Hipskind, SJ (Chicago: Loyola Press, 2010).

God's Voice Within: The Ignatian Way to Discover God's Will [La voz interior de Dios: el camino ignaciano para descubrir la voluntad de Dios]. Mark Thibodeaux (Chicago: Loyola Press, 2010).

Discernment: The Art of Choosing Well [Discernimiento: el arte de elegir bien]. Pierre Wolff (Liguori, MO: Liguori Publications, 2012).

9

Pulir las asperezas: el liderazgo y los conflictos

Mejor con música

Hace algunos años organicé una reunión en mi parroquia en la cual las cosas no salieron exactamente como lo había planeado. Me sentí frustrado, impotente y amargado. Tuve la sensación de que todo mi plan se había arruinado. Aunque había intentado unir a este grupo de muchas maneras, no estaba teniendo mucho éxito. Pasaron las semanas, y mi frustración era tan evidente que las personas podían verla en mi rostro. Pensar en "la gente terca" de ese equipo me quitaba las ganas de asistir a la próxima reunión. No quería abordar los problemas en cuestión porque no sabía cómo hacerlo. Lo más fácil era culpar a otras personas por manipular la agenda.

Una noche, mientras conducía de vuelta a casa, mi hija de seis años venía sentada en el asiento de atrás cantando una canción que hablaba de desprenderse de los sentimientos negativos que nos causan las acciones de otras personas. Al prestar atención a las palabras, la melodía se me pegó con facilidad y terminé suspirando con alivio. Sentí como si el peso del mundo se hubiera levantado de mis hombros. Cuando llegábamos a casa, otra vez me sentí reconfortado cuando comenzó a sonar otra canción, que habla de que hay que aferrarse a una chispa de esperanza frente a la desesperación.

Esa música, en ese momento, fue la divina providencia de Dios. Me dio la energía y la tranquilidad que necesitaba para manejar la difícil situación en el trabajo. Más enfocado y con una mejor perspectiva, pude concentrarme en lo que en realidad había salido mal en la reunión y en las personas con quienes necesitaba hablar para resolver el conflicto. Disminuyó mi nivel de estrés, me sentí tranquilo y seguro, y pude controlar mis emociones. Cuando llegó la siguiente reunión, estaba preparado para resolver el problema. Hubo una transformación espiritual en esa sala: no solo para mí, sino para todo el grupo. Todos habíamos estado buscando sanación, pero no habíamos podido expresar nuestra frustración y nuestro dolor hasta entonces.

Sabiduría

La mayoría de nosotros conoce la historia bíblica de cómo el rey Salomón escuchó una disputa entre dos mujeres que afirmaban ser la madre de un bebé y de cómo Salomón era incapaz de determinar quién decía la verdad. Después de escuchar a las mujeres y de reflexionar mucho sobre el tema, llamó a su guardia y le ordenó que cortara el cuerpo del niño en dos partes y dieran a cada mujer una mitad. La madre verdadera gritó horrorizada de solo pensar que su amado hijo moriría y le rogó a Salomón que le diera el niño a la otra mujer. Salomón supo al instante quién era la madre del bebé (1 Reyes 3:16–28). Por esta y otras decisiones que Salomón tomó, fue considerado el rey más sabio de Israel.

Lamentablemente, la sabiduría puede a veces ser un lujo poco común en el liderazgo. Un error común que cometen muchos líderes al tratar de resolver conflictos es creer que su opinión es la única correcta. La actitud de "yo tengo razón siempre" no te servirá mucho en el ministerio del liderazgo catequético. Más bien, como lo destacan Tom Rath y Barry Conchie en su libro *Strengths Based Leadership* [Liderazgo basado en las fortalezas] (Gallup Press, 2008), en el liderazgo eficaz, especialmente en el ministerio pastoral, se trata de guiar a las personas con armonía, buscando espacios de acuerdo (175). Cuando aumentan las tensiones, tu función como líder catequético es utilizar tus habilidades para reducir los roces y encontrar puntos en común entre todas las partes. Esto requiere del arte de escuchar, del don de crear y de la capacidad de honrar el punto de vista y la opinión de todos.

Paz mental

A la mayoría de nosotros nos gustaría llevar una vida sin conflicto. De hecho, a veces nos sorprendemos cuando surge un conflicto, especialmente en un ambiente ministerial, donde se supone que deben prevalecer la caridad y el amor. Sin embargo, el conflicto, como la toma de decisiones, forma parte de cualquier relación, ya sea en el hogar, en una parroquia o en la propia vida social. El conflicto es algo inevitable. Ninguna relación es inmune al conflicto. Y aun así, cuando hay conflicto entre dos individuos o entre los miembros de un grupo, los involucrados a menudo se enfadan, se ofenden, se amargan o se ponen a la defensiva. A veces, el conflicto conduce al fin de una relación o a un continuo resentimiento. La tarea de un líder eficaz no es evitar el conflicto, sino actuar y responder a las necesidades e intereses de las personas involucradas. El liderazgo no es algo que puedes ponerte y quitarte según sea necesario. Eres un líder todos los días, todo el día, y en ocasiones serás puesto a prueba con los conflictos.

El conflicto puede tener resultados constructivos o destructivos. Todo depende de si tú, como líder catequético, puedes encontrar la manera de convertir momentos de conflicto en algo sagrado e inspirador, aunque no se llegue a un consenso. Para resolver conflictos de manera constructiva, las partes involucradas deben tener claro cuáles son los problemas y concentrarse en lo que cada persona necesita para alcanzar alguna forma de resolución. Se pueden lograr resultados positivos si tú, como líder catequético, haces la tarea antes de intentar resolver el conflicto. ¿En qué consiste esta tarea? Piensa en lo siguiente:

1. Un líder eficaz reconoce o anticipa los conflictos y pregunta. . .
    - ¿Cuáles son mis propios intereses?
    - ¿Cuáles son mis preocupaciones, esperanzas y temores?
    - ¿Este conflicto está surgiendo a causa de algún otro conflicto sin resolver?
    - ¿Estamos tratando con un conflicto superficial o con un problema sistémico?
2. Un líder eficaz entiende el potencial del conflicto para fomentar la creatividad y pregunta. . .
    - ¿Cuáles son las necesidades de todas las partes involucradas?
    - ¿Cuáles son sus preocupaciones, esperanzas y temores?
3. Un líder catequético eficaz le presta la debida atención a diferentes resultados posibles y pregunta. . .
    - ¿Qué tipo de acuerdos podríamos alcanzar?

El conflicto puede manejarse de una manera positiva cuando el líder aclara las expectativas y funciones, busca entender a las partes involucradas en el conflicto, fortalece las relaciones y crea oportunidades para la innovación. Sí, estas cosas pueden resultar difíciles de lograr; así como muchos otros aspectos de tu tarea como líder catequético, por ejemplo, evitar el favoritismo, la discriminación y el prejuicio; mantener un equilibrio profesional; y tomar decisiones sin llegar a un acuerdo. Por suerte, cuando surge la tarea de resolución de conflictos, hay algunas cosas específicas que puedes hacer para minimizar las dificultades.

Los errores que debes evitar

Si bien algunos conflictos surgen de las diferencias de personalidad, otros brotan de desacuerdos sobre la naturaleza del ministerio y la manera en que se está llevando a cabo. En los grupos donde las personas a menudo expresan diferentes opiniones, el proceso de resolución de conflictos puede llevar más tiempo y ser doloroso para los individuos cuyas ideas son rechazadas. Los individuos en conflicto a menudo se ven paralizados por los problemas y tienen dificultad para ver soluciones. ¿Cómo puedes tú, como líder del grupo, ayudar a que las personas en un conflicto conviertan un problema en una solución? Desde mi propia experiencia con los conflictos en el ministerio, estos son algunos de los principios que recomiendo:

- **No ignores el conflicto.** Los conflictos pueden empeorar cuando se los ignora.
- **Evita la comunicación vía correo electrónico.** Esto da demasiado lugar a la malinterpretación. Siempre es mejor hablar en persona.
- **Invita a todas las partes a expresar su opinión.** Algunas personas simplemente no dicen nada hasta que están a punto de estallar. Presta atención a las personas introvertidas e invítalas a expresarse.
- **Evita sacar conclusiones.** Habla directamente con cada parte para entender mejor el problema.
- **Respeta a todas las partes involucradas.** Cuando las personas no se sienten valoradas o escuchadas, se resisten a cualquier resolución.
- **Evita una mentalidad combativa.** Esfuérzate por no estar a la defensiva y evita pensar que debe haber un ganador y un perdedor. Piensa en una solución donde todos ganen.
- **No generalices demasiado ni culpes a nadie.** No hagas del problema algo personal y sé objetivo.

- **Haz frente al conflicto, no a la persona.** Las personas buenas pueden estar en desacuerdo; evita despreciar a las personas que no están de acuerdo contigo.
- **Evita tomar las cosas como algo personal.** Separa tus sentimientos personales de los problemas que hay que resolver.

Concéntrate en la solución

En su libro *Redeeming Conflict* [Redimiendo el conflicto] (Ave Maria Press, 2016), Ann Garrido explica que cuando surgen los conflictos y alguien resulta lastimado, el desafío para la víctima es tener el valor de "ir y hablar directamente con la persona que te ha hecho daño o enfadado" [v.d.t.] (16). Esto no es fácil, pero es necesario dar el primer paso. En el Evangelio de Mateo, Jesús enseña a sus discípulos que cuando surgen los conflictos y los enfrentamientos, la manera cristiana de manejarlos es hablar con quien los originó.

> Si tu hermano te ofende, ve y corrígelo, tú y él a solas. Si te escucha, has ganado a tu hermano. Si no te hace caso, hazte acompañar de uno o dos, para que el asunto se resuelva por dos o tres testigos. (Mateo 18:15–16)

Admitámoslo: no se puede esperar que todos estén de acuerdo en todo, todo el tiempo. Aprender a estar o no de acuerdo puede ser un paso sano para establecer respeto mutuo sin ofender a la otra parte. Me he dado cuenta de que la mayoría de los conflictos puede resolverse tarde o temprano con el enfoque adecuado; lo que a veces requiere paciencia. Es importante que, como líder catequético, permitas a los demás expresar sus desacuerdos y que les asegures que una resolución es posible, aunque no sea inmediata.

Garrido también explica que, en algunos casos, el que ofende o el ofendido cae en la tentación de evitar conversaciones incómodas y, en cambio, recurre al comportamiento pasivo-agresivo o busca ejercer influencia usando un método llamado "triangulación". Este método se da cuando una de las partes en conflicto forma una alianza con una tercera persona a la cual luego introduce en el conflicto como "rescatista", para mediar a su favor. Esta forma de operar viola la dignidad humana y el principio de subsidiariedad, es decir, otorga poder a los niveles más bajos o pequeños de una organización, porque propicia la intromisión de otras personas en el conflicto sin permitir que sea resuelto por los individuos involucrados (*Redeeming Conflict* [Redimiendo el conflicto], 15).

Esos individuos pueden evitar el conflicto porque creen, erróneamente, que tratar de forma directa con quien causó la ofensa o con el ofendido puede verse solo como un enfrentamiento. Sin embargo, como ministro pastoral tu objetivo siempre es la reconciliación. A continuación se destacan algunos pasos más que puedes dar para unir a las personas en conflicto:

1. Cuando estés involucrado en un conflicto, haz una pausa para controlar tus emociones. Haz una pausa, cuenta hasta diez y respira profundo.
2. Sé receptivo para oír y escuchar a la otra persona. Prepárate para aceptar una hora y un lugar para tratar el conflicto.
3. Si estás totalmente desconectado de tus emociones o te sientes tan estresado que solo puedes prestar atención a una cantidad limitada de sentimientos, puede que te cueste comunicarte eficazmente con la otra persona. Intenta mantener la calma, controla tu estrés, domina tus emociones y no dejes que te venza la frustración o la ira.
4. Habla claramente y expón el problema tal como lo ves, usando oraciones en primera persona. Evita juzgar o expresarte con oraciones que contengan *nunca* o *siempre*. En cambio, usa oraciones como: "Quiero entender o saber qué es lo que esperas que suceda realmente".

5. Escucha a la otra persona sin interrumpirla. Puede que te sientas tentado de intervenir y contradecir lo que la otra persona está diciendo, pero hacerlo solo aumentará la tensión y hará que la resolución sea más difícil. Presta atención a lo que se está comunicando tanto verbal como no verbalmente. Muéstrate dispuesto a perdonar. Desiste del impulso de castigar o hacer que alguien se sienta mal.
6. Procura reducir la intensidad de la situación evitando palabras que solo lamentarás más tarde. Considera usar el humor, de ser apropiado.
7. Haz preguntas y busca aclaraciones. Usa frases como "¿Puedes hablar más al respecto?" y "¿Dónde sucedió esto?". Las preguntas con *Quién, qué, dónde* y *cuándo* son todas aceptables. Evita hacer preguntas con *por qué* ya que pueden sonar acusatorias.
8. Evita usar palabras como *debería(s)* o *debe(s)*. Haz preguntas abiertas como: "¿Cómo podemos resolver esto?". Repite lo que has oído y sé conciso.
9. Concéntrate en un conflicto a la vez; no cambies de tema hasta que se haya tratado la cuestión. Procura establecer puntos en común. ¿Qué tienes en común con la otra parte? ¿Están de acuerdo en algo? Es mejor concentrarse en los puntos de acuerdo que en los puntos de desacuerdo. Confirma las inquietudes de la otra persona. Crea "poder con" alguien, no "poder sobre" alguien.
10. Piensa en diversas soluciones, siempre buscando una alternativa que beneficie a todos. Haz una lista de las maneras posibles de eliminar obstáculos en el camino hacia la armonía. Pide ayuda o invita a una tercera parte objetiva para que ofrezca otra perspectiva. (Para evitar la triangulación, asegúrate de que la parte sea verdaderamente objetiva).

11. Elige la mejor resolución. No puedes cambiar los comportamientos de los demás, pero puedes evitar la reaparición de ciertas conductas. Ofrece opciones con las que ambas partes parezcan estar de acuerdo. Sugiere un cronograma para implementar una forma de resolver el conflicto.
12. Agradece a la(s) persona(s) por escuchar. Si se rompe la posibilidad de diálogo, encuentra otro momento para reunirse y, de ser posible, considera la opción de traer a otra persona para mediar.
13. Por último, aunque quizás desees evitar la ira, no le temas. La ira, en algunos casos, es una emoción apropiada: la llamamos "ira justificada", el tipo de ira que Dios expresa en las Sagradas Escrituras cuando su pueblo rechaza su amor y misericordia. Solo asegúrate de que tu ira sea realmente "justificada" y de que su propósito no sea atacar ni derribar al otro.

El jaque mate no es el objetivo

Durante mis años de adolescencia la canción "Difícil", de la banda mexicana de rock El Tri, sonaba constantemente en la radio. La canción habla de cómo todo en la vida es complicado y parecido a un juego de ajedrez: todos quieren hacerle jaque mate al rey y conseguir la victoria total. En la realidad, sin embargo, siempre habrá tensiones que jalan en distintas direcciones. Cada una de estas tensiones podría llevarte a un conflicto; por lo tanto, tienes que "elegir tus batallas sabiamente". El objetivo consiste en mantenerte concentrado en la construcción del Reino de Dios, en crear un sentido de comunidad y en seguir sustentando la misión de la Iglesia.

En su libro *Los 7 hábitos de la gente altamente efectiva* (Free Press, 2004), el autor, Stephen Covey, señala que los líderes más eficaces buscan resolver los conflictos mediante una solución con la que todos ganen. El objetivo no es la destrucción y derrota de la otra persona, sino el beneficio mutuo de todas las partes involucradas. La solución no es "como digo yo o si no, nada", sino más bien la creación de una forma de resolver el conflicto al estilo de "como nosotros decimos". Para lograr una solución con la que todos ganen, necesitarás ser capaz de ver las cosas desde el punto de vista de la otra persona: no como en un juego de ajedrez en el que debes dominar.

Jesús enfrentó conflictos

A veces, tomar una decisión difícil puede llevar a conflictos o desacuerdos. No te desanimes. Jesús lidiaba con conflictos constantemente. Tenía desacuerdos con otras personas sobre la ley de Dios, el *sabbat*, las tradiciones y su propia autoridad. Examina los pasajes de las Sagradas Escrituras que se mencionan a continuación y reflexiona sobre lo que puedes aprender acerca de cómo Jesús manejaba los desacuerdos.

- Lucas 9:46 (moderar la ambición con humildad)
- Lucas 12:58 (llegar a un acuerdo con un rival)
- Mateo 15:3–9 (conflicto con los escribas y fariseos)
- Mateo 12:9–14 (sanaciones en el *sabbat*)
- Juan 4:7–10 (la samaritana)

Resumen: Del conflicto a la armonía

Respuesta amable aplaca la ira, palabra hiriente aviva el enojo.
(Prov 15:1)

Resolver conflictos de manera positiva puede mejorar mucho las relaciones profesionales y personales. Es importante poder identificar conflictos en el lugar de trabajo y saber cómo actuar rápida y eficazmente. Ya sea que se trate de un desacuerdo entre compañeros de trabajo o dentro de un grupo de voluntarios, si se hace bien, la resolución de un conflicto puede salvar relaciones, ahorrar recursos y, a la vez, mejorar la vida de la comunidad parroquial. De hecho, se ha comprobado que los líderes más exitosos no son aquellos que están siempre de acuerdo con sus seguidores, sino más bien aquellos que han creado equipos sólidos que se concentran en los resultados más que en los conflictos (Tom Rath y Barry Conchie, *Strengths Based Leadership* [Liderazgo basado en las fortalezas], 71). Estos equipos son capaces de convertir las dificultades que podrían llevar al colapso en oportunidades que fomentan la fortaleza y la unidad; y lo logran manteniéndose concentrados en la misión. En nuestro caso, nuestros objetivos deben ser dar continuidad a la misión de la Iglesia y construir el Cuerpo de Cristo.

Para reflexionar y conversar

- Piensa en un conflicto que hayas tenido recientemente. ¿Qué enfoque adoptaste para resolverlo? ¿Qué podrías haber hecho distinto?
- Enumera tres situaciones importantes en las que hayas experimentado conflictos con un efecto en tu ministerio.

Madurar como líder catequético

Todos experimentamos conflictos. Algunos los experimentamos más a menudo que otros en virtud de nuestra posición de liderazgo. Sin embargo, trabajar sobre la resolución de conflictos es una señal de madurez, integridad y carácter que puede sacar lo mejor de ti. Aprender a ponerse de acuerdo en no estar de acuerdo es parte del proceso de crecimiento. Si te encuentras en un dilema, no tengas miedo de usar las herramientas que se ofrecen en este capítulo.

El líder catequético eficaz

CONFERENCIA NACIONAL LIDERAZGO CATEQUÉTICO

LOYOLAPRESS.

¿Cómo manejó Jesús el conflicto?

A veces, tomar una decisión difícil puede llevar a conflictos o desacuerdos. No te desanimes: Jesús lidiaba con conflictos constantemente. Tuvo desacuerdos con otros sobre la ley de Dios, el *sabbat*, las tradiciones y su propia autoridad. Reflexiona sobre cada uno de los siguientes pasajes de las Sagradas Escrituras. ¿Qué puedes aprender [illegible]

Pasaje de las Sagradas Escrituras	¿Cómo manejó Jesús este conflicto?	¿Qué puedes aprender de este ejemplo?
Lucas 9:46 Resumen:		
Lucas 12:58 Resumen:		
Mateo 15:3–9 Resumen:		
Mateo 12:9–14 Resumen:		
Juan 4:7–10 Resumen:		

Liderazgo catequético: cómo deber ser, cómo debe organizarse y a quién debe servir

Capítulo 9

Visita www.loyolapress.com/lce para acceder a la hoja de ejercicios.

Acción sugerida

Recuerda, acercarte a una persona con quien tienes un conflicto y hablar con ella no es lo mismo que una reconciliación, pero sí es un intento por lograrla. Durante los próximos días, piensa en alguien con quien estés experimentando un conflicto. Ora por esta persona y luego acércate a ella con una invitación para resolver la situación.

Recursos adicionales

En español

Una nueva visión de las relaciones humanas. Edmond Marc y Dominique Picard (Bilbao: Ediciones Mensajero, Grupo de Comunicación Loyola, 2008).

La planificación: mirando al infinito. Germán Sánchez Griese (Perú: Editorial Asociación Hijas de San Pablo, 2009).

Facilitar relaciones grupales y resolver los conflictos. Ricard Marí Mollá (Madrid: Editorial CCS, 2017).

En inglés

Redeeming Conflict: 12 Habits for Christian Leaders [Redimir el conflicto: 12 hábitos para líderes cristianos]. Ann M. Garrido (Notre Dame, IN: Ave Maria Press, 2016).

Strengths Based Leadership [Liderazgo basado en las fortalezas]. Tom Rath y Barry Conchie (New York: Gallup Press, 2008).

"Managing Conflict in the Church" [Cómo manejar el conflicto en la Iglesia], H. Jack Morris, *Ministry*, mayo de 2001. www.ministrymagazine.org/archive/2001/05/

When Ministry Is Messy [Cuando el ministerio es complicado]. Richard C. Brown (Cincinnati, OH: Franciscan Media, 2006).

The Leadership Book [El libro del liderazgo]. Charles J. Keating (Mahwah, NJ: Paulist Press, 1977).

10

Atrevidamente católico: el liderazgo y una fuerte identidad católica

Nuevas fronteras

Hace algún tiempo llamé a mi abuelo materno para desearle un feliz cumpleaños y conversar con él. Me contaba lo agradecido que estaba con Dios por todas las bendiciones que había recibido a lo largo de su vida. De algún modo, terminamos hablando sobre sus padres, tíos y la gran familia extendida que tenía en todo Estados Unidos y Francia. Mientras mi abuelo me contaba estas historias me puse a pensar en la posibilidad de crear un árbol genealógico. Traté de hacerlo por mi cuenta, pero no pude ir más allá de dos generaciones. No tenía idea de que iba a ser tan difícil. Durante el proceso de investigación comencé con la parte más fácil: conmigo.

Nací en El Paso, Texas, pero la mayor parte de mi niñez la pasé en Ciudad Juárez, que está ubicada justo al sur de El Paso, al otro lado del Río Grande. Lo interesante de todo, según recuerdo, era que el idioma inglés y los valores culturales estadounidenses que los paseños consideran importantes eran solo una influencia secundaria en mi vida y no formaban parte de mi identidad esencial. Me llevó varios años sumergirme totalmente en ambas culturas y adaptarme a diferentes estilos de vida. Por ejemplo, en la escuela me enseñaron el himno nacional mexicano de memoria y a hacer el saludo civil a la bandera mexicana. Aprendí las costumbres culturales, los valores, los programas de televisión, las prácticas, las tradiciones y la historia de México. Nací dentro de la fe católica y (al igual que en El Paso) la fe católica en Ciudad Juárez era fundamental en la vida cotidiana.

El desafío para mí llegó durante la época de escuela secundaria. Asistía a la secundaria en el lado oeste de El Paso y una vez uno de mis amigos me invitó a un partido de fútbol americano. Llegamos al estadio y, antes de que empezara el partido, se invitó a todos a cantar el himno nacional. Me puse de pie pero me sentí avergonzado porque no sabía la letra, por lo que simplemente imité a las personas de mi alrededor que cantaban con tanta pasión. Mi amigo, obviamente, se dio cuenta, pero no dijo nada hasta después del partido. ¡Entendió porque sabía que yo no era el único chicano (mexicano-estadounidense que vive en los Estados Unidos) en El Paso! Este episodio avivó en mí el deseo de consolidar mi identidad como estadounidense hispano y católico. Quería hacerlo no tanto para amoldarme a la sociedad, sino para conocer mi verdadero llamado e identidad. Nuestra identidad nos da una base, nos centra y guía nuestros pensamientos y acciones. Si perdemos ese centro podemos perdernos fácilmente, sobre todo frente a la incertidumbre.

Carné de identidad

Uno de los mayores desafíos que enfrenta hoy la Iglesia católica de los Estados Unidos es la creciente tendencia hacia la falta de una identidad católica dinámica. Estudio tras estudio revela que los jóvenes practican menos la religión de manera activa y la consideran menos importante o relevante en su vida que las generaciones anteriores, aun cuando a veces siguen identificándose con los símbolos externos del catolicismo.

Como líder catequético, eres llamado a un tipo de liderazgo que refleje y transmita los valores, creencias y prácticas fundamentales del catolicismo. Así como nuestra identidad física se puede establecer por medio de huellas dactilares y registros dentales, la identidad espiritual que recibimos en el Bautismo es permanente y no se nos puede quitar. Como líderes catequéticos, necesitamos esforzarnos continuamente para ayudar a las personas a abrazar su identidad católica en el siglo XXI.

Estar a la altura del apellido

Cualquiera que venga de una familia grande, como yo, sabe que cada hermano siente la presión de tener que estar a la altura del apellido familiar. Los padres a menudo les recuerdan a los hijos lo que "representa" el apellido que llevan y cómo este sugiere un estándar de comportamiento. Las familias desarrollan lo que puede entenderse como "un modo de proceder": un *modus operandi* (M.O.), por así decirlo. La Compañía de Jesús (los jesuitas) utilizan esta frase, un *modo de proceder*, para referirse a las "actitudes, valores y patrones de conducta" (*Congregación general* 34, decreto 26), tomados de la vida y persona de san Ignacio de Loyola, que guía la obra de la compañía.

De manera similar, todos los católicos tenemos un modo de proceder: un conjunto de "actitudes, valores y patrones de conducta" tomados de la vida y las enseñanzas de Jesucristo, María y los santos que guían todo lo que hacemos. Como líder catequético eres llamado no solo a seguir este modo de proceder, sino a invitar a otros y enseñarles a hacer lo mismo. En otras palabras, si hubiera que analizar tu estilo de liderazgo, lo que debería ser más evidente es un M.O. católico.

Nuestro parecido con Dios

Cuando san Juan XXIII convocó al Concilio Vaticano II (1962–1965), el Cardenal Donald Wuerl era un joven sacerdote. Él recuerda que mientras la Iglesia buscaba implementar la profunda visión de este Concilio, había también cierta "experimentación y confusión", por lo que, a veces, en la Iglesia las personas reducían su entendimiento de la fe a "sentimientos [. . .] vagamente positivos acerca de Dios" (Cardenal Donald Wuerl, *Ser católico hoy*, 16). La Iglesia no estaba sola en su experiencia de tumulto. La década de los sesenta fue testigo de eventos extraordinarios, como el surgimiento de los Beatles; los asesinatos del presidente John F. Kennedy, su hermano Bobby Kennedy y el doctor Martin Luther King Jr.; el movimiento por los derechos civiles; la Guerra de Vietnam; y la llegada del primer hombre a la luna. Todos estos sucesos, tanto los positivos como los negativos, hicieron que las personas cuestionaran normas y valores de toda la vida.

La identidad católica, sin embargo, está arraigada en la realidad inmutable de nuestro Creador. Como señaló el Papa Francisco: "Nuestro 'carné de identidad' se encuentra en el hecho de que los hombres fueron creados 'a imagen y semejanza de Dios'". El Papa hace las preguntas fundamentales: "¿Cómo conozco, yo, la imagen de Dios? ¿Cómo llego a saber cómo es Él para saber cómo soy yo?". Luego responde diciendo que la única manera de conocer nuestro verdadero carné de identidad es "ponerse en camino. . . [y] conocer el rostro de Dios" (*L'Osservatore Romano*, 10 de febrero de 2015). En otras palabras, si realmente queremos conocer nuestra verdadera identidad como católicos, tenemos que conocer a nuestro Creador y el propósito para el cual fuimos creados.

El *Catecismo de la Iglesia Católica* explica que "el deseo de Dios está inscrito en el corazón del hombre" y que "Dios no cesa de atraer al hombre hacia sí [. . .] solo en Dios encontrará el hombre la verdad y la dicha que no cesa de buscar" (#27). En el centro de nuestra humanidad siempre está la sed del verdadero significado y propósito de la vida. Esta es, en realidad, la travesía de la vida. El corazón del ser humano fue hecho para estar inquieto, a menos que descanse en Dios, para recordar las palabras de san Agustín. Así como en la historia de los dos discípulos camino a Emaús, a veces somos incapaces de reconocer a

Cristo (la respuesta a nuestra inquietud) aun cuando nuestro corazón arde por él.

Esta llama que arde en nuestro corazón y nos incita a seguir a Dios puede atribuirse a las gracias que recibimos en virtud del Bautismo. Nosotros, los cristianos, recibimos una nueva identidad y fuimos convertidos en una nueva creación el día en que fuimos bautizados y hechos nuevos en Cristo, "como 'nueva criatura'" (*CCC*, #1214). Por este don, los ministros pastorales no pueden ser simplemente observadores o "cristianos sentados", como los denomina el Papa Francisco (*L'Osservatore Romano*, 10 de febrero de 2015). Por el don del Bautismo, todos los cristianos tienen una función e identidad que desempeñar en la vida y misión de la Iglesia. Es por esta razón que no puede haber "católicos parciales" que separan la fe de la vida cotidiana.

En su exhortación apostólica *Evangelii Gaudium*, el Papa Francisco afirma que, por el Bautismo, todos compartimos la responsabilidad de llevar a cabo la misión de la Iglesia de evangelizar y guiar a las personas hacia una comunión íntima con Cristo:

> En virtud del Bautismo recibido, cada miembro del Pueblo de Dios se ha convertido en discípulo misionero. . . Cada uno de los bautizados, cualquiera que sea su función en la Iglesia y el grado de ilustración de su fe, es un agente evangelizador. . . Esta convicción se convierte en un llamado dirigido a cada cristiano, para que nadie postergue su compromiso con la evangelización. (#120)

Esta no es simplemente tarea del clero, sino de todos los bautizados en Cristo. Es responsabilidad de los líderes catequéticos ayudar a motivar, inspirar y despertar en el corazón de las personas el deseo de seguir a Cristo. En más de una ocasión, he oído personalmente al Cardenal Daniel DiNardo, de Galveston, Houston, decir a las personas que seguir a Cristo requiere trabajo, lo que significa que no hay desempleados en el Cuerpo de Cristo. Cada uno de nosotros tiene la responsabilidad y el deber de construir el Reino de Dios aquí en la tierra y de seguir llevando a cabo la misión de la Iglesia difundiendo el Evangelio a través de nuestras obras y palabras, como nos lo indicó nuestro Señor Jesucristo.

Plan de santidad

Ser católico es creer, proclamar, ejemplificar, vivir y celebrar la pasión, muerte y Resurrección de Jesucristo. Los cristianos somos llamados a ser constituidos para Cristo y a imitarlo. Como lo explicó el Papa Benedicto XVI: "La naturaleza íntima de la Iglesia se expresa en una triple tarea: anuncio de la Palabra de Dios (*kerygma-martyria*), celebración de los Sacramentos (*leitourgia*) y servicio de la caridad (*diakonia*)" (*Deus Caritas Est*, #25). Este es nuestro M.O. católico: nuestro modo de proceder.

Consideremos estas tres acciones básicas, que son centrales para nuestra identidad católica.

Dar testimonio (*Kerygma/Martyria*)

La identidad católica cobra forma gracias a estas acciones fundamentales: cómo vivo y cómo doy testimonio de mi fe a los demás. ¿Realmente predico con el ejemplo? ¿Mis palabras están de acuerdo con mis acciones? Owen Phelps señala que cuando las personas saben que alguien es cristiano y lo ven fracasar estrepitosamente en el cumplimiento de los estándares e ideales de la fe, es casi seguro que el cristianismo sentirá el impacto. Como consecuencia, algunos eligen no dar testimonio público de su fe católica, pensando que "al menos no pueden acusarnos de dar una mala imagen del cristianismo" [v.d.t.] (*The Catholic Vision for Leading Like Jesus* [La visión católica para liderar como Jesús] [Huntington, IN: Our Sunday Visitor, 2014] 30). La responsabilidad de dar testimonio de nuestra fe comienza con nosotros como líderes catequéticos. Las personas necesitan vernos practicar con valentía y alegría lo que predicamos.

El testimonio católico conlleva mucho más que el simple perorar de conceptos doctrinales. Si bien se trata de palabras, también se trata de acciones y de testimonio personal que pueden inspirar a otros a buscar la santidad o entorpecerles el camino. El Cardenal Wuerl explica que durante el siglo II una voz importante en el cristianismo, como era la de Tertuliano, describió cómo los cristianos manifestaban con sus acciones la marca de su maestro, el amor. Los cristianos ayudaban a los demás aun a riesgo de perder su vida. Según Tertuliano, "los cristianos 'suplen las necesidades de los huérfanos indigentes, y de las personas ancianas que están confinadas en sus casas; los que han sufrido un naufragio, o han sido condenados a las minas, o desterrados a las islas, o encerrados en las cárceles'" (*Ser católico hoy*, 10).

El beato Papa Pablo VI escribió que "el hombre contemporáneo escucha más a gusto a los que dan testimonio, [. . .] o si escuchan a los que enseñan, es porque dan testimonio" (*Evangelii Nuntiandi*, 41). ¿Quiénes son los líderes influyentes para la generación de hoy? ¿Quiénes son los líderes católicos que, a través de su testimonio, pueden inspirar a las nuevas generaciones? No sorprende que la santa madre Teresa de Calcuta llamara la atención, no por su imagen o reputación ni por lo que otros veían en ella, sino por su sencillez, su vida de oración y su integridad. Este modo de proceder influyó en las nuevas generaciones, especialmente en las mujeres, para que adoptaran este estilo de vida.

En la actualidad, con demasiada frecuencia se enseña a las personas a preocuparse por su reputación o su imagen más que por su identidad central o conciencia. Ciertas virtudes como la humildad, la justicia y el valor desarrollan el carácter. Y a través del carácter, se fortalece la identidad católica. "El carácter se basa en la integridad del líder como ser humano —escribe Dan Ebener—, mientras que la reputación se basa en lo que piensan los demás" [v.d.t.] (*Servant Leadership Models for Your Parish*, [Modelos de liderazgo de servicio para tu parroquia], 23).

A medida que la conciencia echa raíz, la identidad va tomando forma y somos capaces de extender el Reino de Dios a todo lo que encontramos, con credibilidad. La credibilidad es poder, y el poder auténtico es servicio.

Piensa cómo algunas de las siguientes acciones podrían dar testimonio de tu fe en Jesucristo:

- Dirigir una oración en la que espontáneamente expreses tu confianza y seguridad en el Señor.
- Compartir reflexiones personales en tu boletín de noticias, boletín parroquial, página web de la parroquia o del programa, perfil de Facebook o cuenta de Twitter.
- Invitar a los demás a que también compartan sus historias.
- Reconocer los aportes y logros de los demás.
- Enviar notas, tarjetas y mensajes de texto para agradecer a las personas por compartir sus dones y para darles apoyo.
- Prestar atención a las comodidades y a la hospitalidad en las reuniones de formación en la fe.
- Meterse en "las trincheras" y realizar tareas menores sin quejarse.
- Hacer todo lo posible para ayudar a un catequista que tenga dificultades.
- Pasar suficiente tiempo con una familia que esté de duelo o atravesando un mal momento.
- Dedicar suficiente tiempo a quienes se acercan a ti en busca de ayuda.
- Hablar respetuosamente sobre aquellos con quienes no estás de acuerdo.
- Tener compasión de quienes lo necesitan.

Los signos y los símbolos de la adoración (*Leitourgia*)

El segundo aspecto del modo católico de proceder es la facilidad con que permitimos que los sentidos físicos se sumerjan en el misterio de la fe. Los católicos hacemos esto al aprender un lenguaje de misterio que se basa en signos y símbolos. No es ninguna sorpresa que las personas usen signos y símbolos, u objetos visibles, para comunicar significados abstractos. Anteriormente compartí mi experiencia de cómo aprendí las prácticas y tradiciones de México. Dos de estas prácticas fueron cantar el himno nacional y saludar a la bandera. Cantar y saludar a la bandera no significa que uno esté adorando la bandera o a su país. Más bien, les recuerda a los ciudadanos sus deberes cívicos y los ideales más altos de una nación. En nuestras relaciones personales, a menudo dependemos de acciones y gestos simbólicos para expresar sentimientos y deseos que las palabras solas no pueden comunicar. Lo mismo sucede cuando se trata de expresar nuestros sentimientos y deseos por Dios: usamos signos y símbolos que para los católicos están siempre presentes en la liturgia.

En su libro *Practice Makes Catholic* [La práctica hace al católico], Joe Paprocki identifica varias prácticas que permiten a los católicos "'ponerse' los ojos de Cristo" [v.d.t.] (xi) y pasar de una fe aprendida a una fe vivida. Muchas de estas prácticas son ejemplos de nuestra sacramentalidad: nuestro uso de realidades visibles y tangibles para expresar y encontrar el invisible e intangible misterio de Dios. Los ejemplos incluyen la genuflexión, la inclinación, hacer la Señal de la Cruz, rezar novenas, llevar puesto un escapulario, rezar el Rosario, bendecirse con agua bendita, encender cirios, etcétera. Ya que la humanidad ha sido creada para conocer, amar y servir a Dios, los católicos alrededor del mundo expresamos nuestros pensamientos y deseos más profundos sobre Dios con signos y símbolos. Si bien Dios es Espíritu y por ende invisible e intangible, nosotros, los seres humanos, somos criaturas encarnadas que reconocemos que nuestras expresiones de realidades, como el amor, la aceptación, la pertenencia, el perdón y el compromiso, también necesitan encarnarse. Por lo tanto, los católicos utilizamos signos tangibles, visibles y perceptibles tanto para expresar como para encontrar el misterio de Dios. En otras palabras, "ser sacramental es ver la presencia de Dios reflejada en el mundo físico" [v.d.t.] (ibíd., 6).

En un mundo que valora cada vez más solo aquello que puede validarse empíricamente, la tentación de despojar a nuestra fe católica de los aspectos más místicos de nuestra práctica es una posibilidad. Como advierte el Obispo Robert Barron, podríamos caer fácilmente en la trampa de diluir nuestra identidad y nuestros valores católicos solo para amoldarnos a la sociedad. En el otro extremo están aquellos que con nostalgia anhelan la restitución de los rituales de la Iglesia previos al Concilio Vaticano II, como si aquellos antiguos adornos externos fueran la única medida de la identidad católica.

Como líder catequético, tu tarea es asegurar que la identidad católica sea verdaderamente equilibrada. Algunas de las maneras de lograrlo son:

- Establecer un espacio de oración en tu propia oficina.
- Crear un centro de oración con signos y símbolos (crucifijo, Biblia, cirio, agua bendita, color del tiempo litúrgico, etcétera) para cada reunión de formación en la fe.
- Celebrar los tiempos y las fiestas del calendario litúrgico (por ejemplo, recordar el santo del día).
- Invitar a los participantes de las reuniones de formación en la fe a participar en distintos rituales, como una procesión, para establecer el centro de oración.
- Integrar reflexiones en silencio en las reuniones de formación en la fe y experiencias de oración.

- Incluir la proclamación de las Sagradas Escrituras y el canto de himnos católicos en las reuniones de formación en la fe y experiencias de oración.
- Incorporar devociones católicas como la Coronación de la Virgen, el Vía Crucis y la Adoración del Santísimo Sacramento en el programa de formación en la fe.
- Incorporar el arte sagrado como parte de la decoración de todos los espacios de reunión de formación en la fe.

Fiddo y Negrito

Cuando era niño, más de una vez escuché a mi párroco contar esta historia. En una recóndita aldea rural de México, vivía un viejo sacerdote que había sido el párroco de una pequeña iglesia por más de quince años. Todos estaban contentos con él, y cada vez que daba una homilía, Fiddo y Negrito, sus dos gatos, podían verse tendidos a sus pies. Cuando el padre caminaba en la procesión de la Fiesta de Corpus Christi, Fiddo y Negrito caminaban junto a él. Si el padre estaba rezando el Rosario, ahí estaban también Fiddo y Negrito. Durante más de quince años, las personas de la comunidad nunca cuestionaron la presencia de los gatos, sino más bien actuaban con normalidad y creían que esto era parte de la práctica de la Iglesia. Finalmente, el viejo párroco falleció y se designó a un nuevo sacerdote. En su primer domingo en la iglesia, el nuevo párroco se levantó para dar su homilía. Apenas había comenzado cuando una señora mayor alzó la mano y preguntó por qué Fiddo y Negrito no estaban a sus pies. El sacerdote estaba desconcertado con la pregunta, pues no tenía conocimiento de los gatos, así que simplemente continuó con la misa. Más tarde, alguien le contó sobre Fiddo y Negrito. Durante la semana se encontró con la señora mayor, quien participaba en uno de los ministerios de la parroquia, y le preguntó por qué había mencionado a los dos gatos. Ella respondió: "Padre, los sermones son aburridos. La gente está más interesada en mirar a esos dos gatos". Mi párroco usaba esta historia para enseñar que a veces nosotros, los católicos, nos concentramos más en los adornos externos y periféricos de nuestra fe que en el modo en que se conectan con lo esencial de nuestra fe. Nuestra adoración sacramental es fundamental para nuestra identidad como católicos, pero solo cuando aceptamos su sentido pleno. Como líder catequético, una de tus principales responsabilidades es catequizar a la comunidad sobre el significado de nuestros signos, símbolos y rituales sacramentales.

Servicio (*Diakonia*)

La identidad católica también se vive a través de la actividad misionera de la Iglesia. Por el encuentro personal que los discípulos experimentan con el Señor, los católicos estamos obligados a transformar y cambiar el mundo en que vivimos para asegurar que todos experimenten las abundantes gracias de Dios. La historia nos enseña que existen innumerables instituciones, como universidades, hospitales, orfanatos y otras organizaciones caritativas, que fueron creadas por la Iglesia católica y ahora son vitales para la sociedad. Como exploramos en el primer capítulo de este libro, los líderes catequéticos somos llamados a practicar el liderazgo de servicio, a atender las necesidades de los demás y a empoderar a las personas para seguir a Cristo. El servicio no es algo que se hace por lástima a los demás o para sentirnos mejor con nosotros mismos. Más bien, el servicio caritativo es, en realidad, fe en acción y testimonio de la fe católica en el ámbito público. Es el acto de llevar la misericordia de Dios a aquellos que más la necesitan. Este servicio debe manifestarse amándonos unos a otros, como Jesús nos ha amado a nosotros (cf. Juan 13:34–35).

Por último, servir en nombre de Jesucristo a través de la Iglesia significa ser contraculturales y aceptar el Vía Crucis. Aunque los católicos pueden tener discrepancias en ciertos temas que afectan a las comunidades y a la sociedad en general, todos somos llamados a respetar a los demás y a llevar la cercanía de Dios a aquellos que se sienten abandonados y vulnerables. Como líder catequético, es tu responsabilidad garantizar que todos los que participen en la formación en la fe sean invitados a involucrarse en las oportunidades de servir a los demás. De igual manera, es fundamental ofrecer estas oportunidades no como proyectos que deban terminarse, sino como prácticas integradas a un estilo de vida.

Como líder catequético, puedes fomentar *diakonia* (el servicio) haciendo lo siguiente:

- Incorporando experiencias de servicio (obras de misericordia) en todos los niveles del programa de formación en la fe, así como en el RICA (Ritual de la Iniciación Cristiana de Adultos) y en los programas de formación en la fe para adultos.
- Destacando en tu boletín de noticias, en tu página web y en tu perfil de Facebook, a los niños, adolescentes y adultos que participan en el servicio a los demás.
- Promoviendo el concepto de la corresponsabilidad: el acto generoso de compartir nuestro tiempo, talento y tesoro con toda la comunidad.
- Involucrando a la comunidad parroquial en iniciativas benéficas con un enfoque catequético, como *CRS Rice Bowl from Catholic Relief Services* [Operación plato de arroz de los Servicios de Auxilio Católico] o *Feed My Starving Children* [Alimenta a mis niños hambrientos].
- Invitando a las personas a participar en iniciativas para promover la justicia social y el respeto por la dignidad de la vida humana desde el momento de la concepción hasta la muerte natural.

Resumen: El Espíritu del Señor está sobre mí

[Dijo Jesús,] "El Espíritu del Señor está sobre mí, porque él me ha ungido
para que dé la Buena Noticia a los pobres;
me ha enviado a anunciar la libertad a los cautivos y la vista a los ciegos,
para poner en libertad a los oprimidos,
para proclamar el año de gracia del Señor". (Lc 4:18–19)

Como líderes catequéticos, podríamos caer en la tentación de diluir nuestra identidad católica para amoldarnos a la sociedad, pero lo haríamos a riesgo de perder nuestros valores cristianos e integridad personal. Más bien, como líderes catequéticos somos llamados a dar testimonio creíble (no triunfante) de la fe católica, viviendo las enseñanzas del Señor y actuando de maneras que demuestren compasión, misericordia, y amor a Dios y al prójimo. Nuestro modo católico de proceder, nuestro *modus operandi*, se caracteriza por la proclamación de la Palabra de Dios (*kerygma-martyria*), la celebración de los sacramentos (*leitourgia*) y una vida de servicio (*diakonia*).

Para reflexionar y conversar

- ¿Cuál ha sido el mayor desafío para vivir tu fe en tu comunidad?
- ¿Cómo das testimonio de tu fe en casa y en el ámbito público?

Madurar como líder catequético

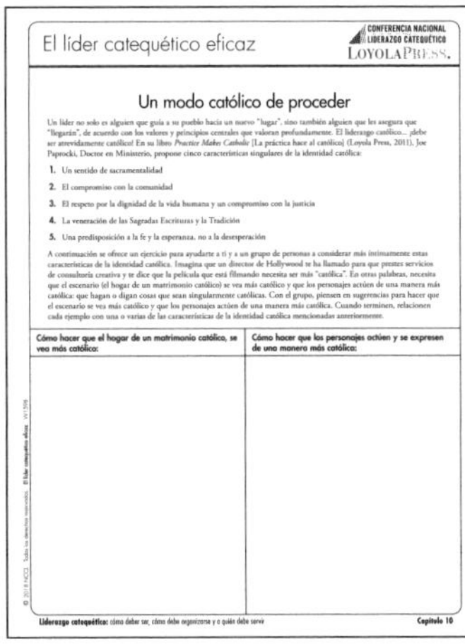

El líder catequético eficaz

CONFERENCIA NACIONAL LIDERAZGO CATEQUÉTICO
LOYOLAPRESS.

Un modo católico de proceder

Un líder no solo es alguien que guía a su pueblo hacia un nuevo "lugar", sino también alguien que les asegura que "llegarán", de acuerdo con los valores y principios centrales que valoran profundamente. El liderazgo católico... ¡debe ser atrevidamente católico! En su libro *Practice Makes Catholic* [La práctica hace al católico] (Loyola Press, 2011), Joe Paprocki, Doctor en Ministerio, propone cinco características singulares de la identidad católica:

1. Un sentido de sacramentalidad
2. El compromiso con la comunidad
3. El respeto por la dignidad de la vida humana y un compromiso con la justicia
4. La veneración de las Sagradas Escrituras y la Tradición
5. Una predisposición a la fe y la esperanza, no a la desesperación

A continuación se ofrece un ejercicio para ayudarte a ti y a un grupo de personas a considerar más íntimamente estas características de la identidad católica. Imagina que un director de Hollywood te ha llamado para que prestes servicios de consultoría creativa y te dice que la película que está filmando necesita ser más "católica". En otras palabras, necesita que el escenario (el hogar de un matrimonio católico) se vea más católico y que los personajes actúen de una manera más católica: que hagan o digan cosas que sean singularmente católicas. Con el grupo, piensen en sugerencias para hacer que el escenario se vea más católico y que los personajes actúen de una manera más católica. Cuando terminen, relacionen cada ejemplo con una o varias de las características de la identidad católica mencionadas anteriormente.

Cómo hacer que el hogar de un matrimonio católico, se vea más católico:	Cómo hacer que los personajes actúen y se expresen de una manera más católica:

Liderazgo catequético: cómo deber ser, cómo debe organizarse y a quién debe servir — **Capítulo 10**

Vivir la fe católica no es un camino fácil. La Iglesia reconoce que nadie es perfecto y que todos cometemos errores en el camino. Sin embargo, como católicos, somos llamados a reconfigurarnos para Cristo cada día y a ver la creación a través de los ojos de Dios. Esto consolida nuestra identidad católica y da como resultado un estilo de vida coherente, basado en las enseñanzas del Señor. ¿En qué áreas personales puedes necesitar trabajar para configurarte para Cristo?

Visita www.loyolapress.com/lce para acceder a la hoja de ejercicios.

Acción sugerida

Rezar con las Sagradas Escrituras todos los días usando el antiguo método de la *lectio divina* puede ser un punto de partida en tu camino hacia la santidad. Trata de pasar quince minutos diarios en este tipo de oración. Como explica el autor Gary Jansen en su libro *The 15-Minute Prayer Solution* [La solución de los 15 minutos de oración]: "Cuanto más entres en esta comunicación directa con Dios, más fácil será" [v.d.t.]. Si ya usas esta práctica, proponte ver las cosas a través de los ojos de Dios. (Pista: las Bienaventuranzas son un buen lente).

Recursos adicionales

En español

Mero Catolicismo. Antonio Schlatter Navarro (Madrid: Ediciones Palabra, 2013).

Ser anuncio. Espiritualidad del Evangelizador. Richard R. Gaillardetz (Editorial Claretiana, 2010).

Ser católico hoy: la identidad católica en una era de desafíos. Donald Cardenal Wuerl (Arquidiócesis de Washington, 24 de mayo de 2015).

Qué es ser católico. José Orlandis Rovira (Pamplona: Eunsa, 1998).

En inglés

The Catholic Vision for Leading Like Jesus: Introducing S3 Leadership [La visión católica para liderar como Jesús: presentando el liderazgo S3]. Owen Phelps, PhD (Huntington, IN: Our Sunday Visitor, 2014).

Practice Makes Catholic: Moving from a Learned Faith to a Lived Faith [La práctica hace al católico: de una fe aprendida a una fe vivida]. Joe Paprocki (Chicago: Loyola Press, 2011).

What Makes Us Catholic: Eight Gifts for Life [Lo que nos hace católicos: ocho dones para la vida]. Thomas H. Groome (San Francisco: HarperOne, 2003).

The 15-Minute Prayer Solution: How One Percent of Your Day Can Transform Your Life [La solución de los 15 minutos de oración: cómo el uno por ciento de tu día puede transformar tu vida]. Gary Jansen (Chicago: Loyola Press, 2010).

Acerca del autor

Adrián Alberto Herrera es Director Asociado en la Oficina de Evangelización y Catequesis de la Arquidiócesis de Galveston, Houston. Se ha desempeñado como consultor en el *National Advisory Committee on Adult Religious Education* [Comité Nacional de Consulta sobre Educación Religiosa para Adultos], anteriormente conocido como NACARE. Es el autor de *Oraciones y Reflexiones Dominicales para Católicos 2017*, y también ha creado materiales para el *Committee on Evangelization and Catechesis* [Comité de Evangelización y Catequesis] de la USCCB. Se ha desempeñado como catequista, ministro de jóvenes y director de educación religiosa.

La serie El líder catequético eficaz

Ya sea que estés iniciando tu labor como líder catequético o que lleves sirviendo por muchos años, la serie **El líder catequético eficaz** te ayudará a usar cada aspecto de este ministerio para proclamar el Evangelio e invitar a las personas al discipulado.

Llamados por nuestro nombre:
Prepararse para la vocación de líder catequético

Liderazgo catequético:
Cómo deber ser, cómo debe organizarse y a quién debe servir

Formar discípulos de Cristo:
Cómo entender la relación fundamental entre la catequesis y la evangelización

Cultivar catequistas:
Cómo reclutar, alentar y conservar a catequistas exitosos

Excelencia en el ministerio:
Las mejores prácticas para un liderazgo catequético exitoso

Todo el pueblo de Dios:
Catequesis eficaz en una Iglesia diversa

Cada libro de la serie **El líder catequético eficaz** está disponible al precio de $13.95, o la serie completa por $65.00.

Para hacer sus pedidos:
llame al **800.621.1008** o visite **loyolapress.com/LCE**